Beck-Rechtsberater

Bußgeld · Geldstrafe
Strafbefehl & Co.

Schnelle Hilfe für Betroffene

Von Mandy Pallme

1. Auflage

Deutscher Taschenbuch Verlag

Im Internet:
dtv.de
beck.de

Originalausgabe

Deutscher Taschenbuch Verlag GmbH & Co. KG,
Friedrichstraße 1a, 80801 München
© 2011. Redaktionelle Verantwortung: Verlag C.H. Beck oHG
Druck und Bindung: Druckerei C.H. Beck, Nördlingen
(Adresse der Druckerei: Wilhelmstraße 9, 80801 München)
Satz: Fa. ottomedien, Darmstadt
Umschlaggestaltung: Design Concept Krön, Puchheim,
unter Verwendung eines Fotos von Panthermedia
ISBN 978-3-423-50706-6 (dtv)
ISBN 978-3-406-60121-7 (C. H. Beck)

9 783406 601217

Vorwort

Innerhalb des bestehenden Rechtssystems haben die gesonderten Verfahren um den Strafbefehl und den Bußgeldbescheid eine erhebliche Bedeutung. Zur Entlastung der Behörden und effektiven, schnellen Sachbearbeitung sind diese Verfahren möglich und werden umfangreich genutzt. Beachtlich ist die Orientierung des deutschen Rechtssystems an der Beurteilung der Tat und des Täters im Sinne des Betroffenen. Es gibt kein ausschließlich am Opfer orientiertes Recht. Das vorliegende Werk soll eine Orientierungshilfe für Betroffene darstellen. Es werden vorwiegend die in der Rechtsprechung und damit Praxis angewandten Rechtsansichten verarbeitet. Die Verfasserin verzichtet auch aus Gründen der Verständlichkeit auf die theoretische Darstellung von Einzelstreitigkeiten. Nur sofern praktisch verschiedene Auffassungen in der Rechtsprechung vertreten werden, wird auf solche eingegangen. Dies werden ausschließlich am Gesetzestext hergeleitete Auffassungen sein. Eingeflossen sind insbesondere die Erfahrungen der Verfasserin als Verteidigerin in der bestehenden Behördenpraxis, die erfreulichen Entwicklungen der Gesetzgebung und die derzeit angewandte Rechtsprechung.

Mügeln, im Juni 2011   *Mandy Pallme*

Inhaltsübersicht

Inhaltsverzeichnis

Abkürzungsverzeichnis

Abs. .... Absatz
AG .... Amtsgericht
AGB .... Allgemeine Geschäftsbedingungen
Anh .... Anhang
Anl .... Anleitung
Anm. .... Anmerkung
Art. .... Artikel
Aufl. .... Auflage
Az. .... Aktenzeichen
BAK .... Blutalkoholkonzentration
BAG .... Bundesarbeitsgerichtsgesetz
BayObLG .... Bayerisches Oberstes Landesgericht
BerHG .... Beratungshilfegesetz
BFH .... Bundesfinanzhof
BGB .... Bürgerliches Gesetzbuch
BGBl. .... Bundesgesetzblatt
BGH .... Bundesgerichtshof
BGHR .... Rechtsprechung des Bundesgerichtshofs in Zivilsachen/Strafsachen
BGHZ .... Entscheidungen des Bundesgerichtshofs in Zivilsachen
BKat .... Bußgeldkatalog
BKatV .... Bußgeldkatalogverordnung
Bl. .... Blatt
BMJ .... Bundesministerium der Justiz
BSG .... Bundessozialgericht
BT-Drs. .... Bundestags-Drucksache
BtMG .... Betäubungsmittelgesetz
BZR .... Bundeszentralregister
DAR .... Deutsches Autorecht, Zeitschrift
d. h. .... das heißt
f. .... folgende

ff.	fortfolgende
Fn.	Fußnote
GbR	Gesellschaft bürgerlichen Rechts
GG	Grundgesetz
ggf.	gegebenenfalls
GKG	Gerichtskostengesetz
GVG	Gerichtsverfassungsgesetz
InsO	Insolvenzordnung
i. V. m.	in Verbindung mit
i. d. R.	in der Regel
i. S. d.	im Sinne des
JGG	Jugendgerichtsgesetz
JR	Juristische Rundschau, Zeitschrift
KG	Kammergericht
KostO	Kostenordnung
LG	Landgericht
MDR	Monatsschrift für Deutsches Recht, Zeitschrift
NJW	Neue Juritische Zeitschrift
NJW-RR	NJW-Rechtsprechungsreport, Zivilrecht
NStZ	Neue Zeitschrift für Strafrecht
NZV	Neue Zeitschrift für Verkehrsrecht
OLG	Oberlandesgericht
OWiG	Gesetz über Ordnungswidrigkeiten
RA	Rechtsanwalt
Rn.	Randnummer
RVG	Rechtsanwaltsvergütungsgesetz
S.	Satz/Seite
SGB II	Zweites Sozialgesetzbuch
sog.	sogenannt
StGB	Strafgesetzbuch
StPO	Strafprozeßordnung
StVG	Straßenverkehrsgesetz
StVO	Straßenverkehrsordnung
u. a.	und andere
u. ä.	und ähnliche
usw.	und so weiter

v. a.	vor allem
VersR	Versicherungsrecht, Zeitschrift
vgl.	vergleiche
Vrs	Verkehrsrechtssammlung
VV RVG	Vergütungsverzeichnis zum RVG
VwZG	Verwaltungszustellungsgesetz
VZR	Verkehrszentralregister
z. B.	zum Beispiel
ZfS	Zeitschrift für Schadensrecht
Ziff.	Ziffer
ZPO	Zivilprozessordnung

Weiterführende Literatur

Göhler, Ordnungswidrigkeitengesetz, 15. Auflage 2009, Kommentar

Meyer-Goßner, Strafprozessordnung, 53. Auflage 2010, Kommentar

Fischer, Strafgesetzbuch, 57. Auflage 2010, Kommentar

Gerold/Schmidt, Rechtsanwaltsvergütungsgesetz, 19. Auflage 2010, Kommentar

Zöller, ZPO, 28. Auflage 2010, Kommentar

Jehle/Feuerhelm/Block, Gemeinnützige Arbeit statt Ersatzfreiheitsstrafe, 1. Auflage 1990, S. 11 ff.

Gebhardt, Das verkehrsrechtliche Mandat, Band 1: Verteidigung in Verkehrsstraf- und Ordnungswidrigkeitenverfahren, 6. Auflage 2009

Merkblatt „Gemeinnützige Arbeit statt Ersatzfreiheitsstrafe" der Staatsanwaltschaft Leipzig, abrufbar unter www.justiz.sachsen.de/stal/content/937.htm

Statistiken und Auswertung zur Gemeinnützigen Arbeit, abrufbar unter www.freiehilfe-berlin.de/files/Schwitzen_und_Sitzen 2010.pdf

1. Kapitel

Strafbefehlsverfahren

I. Begriffsbestimmung

1. Strafbefehl

Das Strafbefehlsverfahren ist ein formelles Verfahren. Die gesetzlichen Regelungen sind in den §§ 407 ff. StPO zu finden. Es soll die üblichen, in einem Urteil endenden Verfahren der Amtsgerichte abkürzen. Dabei werden bei standardisierten Fallgruppen, wie fahrlässigen Körperverletzungen, einfachen Diebstahlshandlungen etc., in der Regel Geldstrafen verhängt. Der Strafbefehl verkürzt die Verfahrenslänge tatsächlich erheblich, wenn der Adressat des Strafbefehls innerhalb von zwei Wochen ab Zustellung nichts unternimmt. In diesem Fall ist weder eine mündliche Verhandlung, noch eine vorherige dem Angeklagten bzw. Beschuldigten zugestellte Anklageschrift, noch ein Urteil erforderlich. Lediglich der Strafbefehl selbst wird vom Amtsgericht einseitig erlassen, zugestellt und nach Ablauf der Frist ohne Einspruchseinlegung rechtskräftig. In der Regel erfolgt die Zustellung per Einschreiben als „gelber Brief". Mit Zustellung an den Betroffenen, persönlich, an Mitglieder des Hausstandes oder durch Einwurf in den Briefkasten beginnt die Zwei-Wochen-Frist. Diese Frist ist eine sog. Notfrist. Es kann kein Antrag auf Verlängerung der Einspruchsfrist gestellt werden!

Abb. 1: Strafbefehlsverfahren

> **Achtung!**
>
> Möchten Sie gegen den Strafbefehl etwas unternehmen, halten Sie die Frist in jedem Fall ein!
> Eine sonstige Wiederaufnahme des Verfahrens gelingt nur unter ganz besonderen Voraussetzungen.

2. Geldstrafe

Bei der Verhängung der Geldstrafe hat der Täter an die Landesjustizkassen einen vom Gericht festgelegten Betrag zu zahlen. Wie die Freiheitsstrafe stellt sie **eine Rechtsfolge der Straftat** dar.

Die Geldstrafe ist das Äquivalent zur Freiheitsstrafe. Sie ist im Strafgesetzbuch in § 40 StGB (Strafgesetzbuch) verankert. Die Verbindung zur Freiheitsstrafe wird über die Ersatzfreiheitsstrafe bei Uneinbringlichkeit der Geldstrafe (§ 43 StGB) geschaffen. Uneinbringlich ist die Geldstrafe, wenn sie nicht von der Staatsanwaltschaft beigetrieben bzw. mit Zwangsmitteln erlangt werden kann. Die Geldstrafe wird nicht als Gesamtsumme (sog. Summenstrafe) gebildet, sondern setzt sich aus einzelnen Tagessätzen zusammen. Die Tagessätze sind in ihrer Höhe gleichmäßig und bewirken eine finanzielle Belastung des Täters. In der Anzahl der Tagessätze spiegelt sich die Tat in ihrer Bewertung wider. Aus der Summe der Tagessätze ergibt sich die insgesamt verhängte Geldstrafe. Das Gesetz versucht damit Gerechtigkeit im Verhältnis zum Strafübel herzustellen. Leider scheitert der Ansatz z. B. dann, wenn Dritte die Geldstrafe zahlen.

II. Zuständigkeit

Die Zuständigkeit für die Verhängung von Strafen mittels Strafbefehl liegt grundsätzlich bei den Amtsgerichten, §§ 24, 25, 28 GVG (Gerichtsverfassungsgesetz).

Bei Vergehen (= Straftaten, die mit Geldstrafe oder einer Mindestfreiheitsstrafe unter einem Jahr bedroht sind) entscheidet an den

Amtsgerichten entweder der Strafrichter oder das Schöffengericht gemäß § 407 Abs. 1 StPO. Die örtliche Zuständigkeit des Gerichts ergibt sich in der Regel aus dem Tatort-Prinzip, § 9 StGB, § 7 StPO. Folglich ist das Amtsgericht, in dessen Bezirk die Tat verübt wurde, zuständig. Bei Vergehen können die Amtsgerichte neben Freiheitsstrafen auch Geldstrafen verhängen. Die Verhängung erfolgt tat- und schuldangemessen.

Praktischerweise verfasst die Staatsanwaltschaft als Ermittlungsbehörde den Strafbefehl und beantragt dann beim zuständigen Amtsgericht den Erlass dieser (vorformulierten) gerichtlichen (!) Entscheidung. Das Gericht prüft unter Vorlage der Ermittlungsergebnisse die Rechtmäßigkeit und Angemessenheit der Strafe und unterschreibt bei Einverständnis den Strafbefehl, so dass dieser anschließend zugestellt werden kann.

> **BEISPIELE:**
> (1) Diebstahl, geregelt in § 242 StGB; Strafe: Geldstrafe oder Freiheitsstrafe bis zu fünf Jahren
> (2) Strafbewährte Form des Schwangerschaftsabbruchs, geregelt in § 218 Abs. 1 StGB; Strafe: Geldstrafe oder Freiheitsstrafe bis zu drei Jahren

III. Form

Die Form des Strafbefehls ist an sich immer gleich strukturiert. Es spielt keine Rolle, ob der Angeklagte in persönlicher Anrede bezeichnet wird oder generell vom Angeschuldigten/Angeklagten gesprochen wird. Nach Bezeichnung des Absenders (Gericht), Bekanntgabe des Aktenzeichens, Beschuldigtenbenennung folgt der konkrete Tatvorwurf, an den sich die Benennung der erfüllten Straftatbestände mit Paragrafenbezeichnung und Aufzählung der Beweismittel anschließt. Danach folgen die Festsetzung der Rechtsfolgen und die Rechtsmittelbelehrung sowie der Hinweis zu den Verfahrenskosten. Zum Schluss erfolgt die Unterschrift mit Ort und Datum des erlassenden Richters. Dem Adressaten wird dazu noch ein Blatt mit Hinweisen zum Rechtsmittel/Rechtsbehelf und zur Pflicht der Abfassung in deutscher Sprache gereicht.

Die Verhängung der Strafe erfolgt im Strafbefehl optisch hervorgehoben (fettgedruckt).

> **BEISPIEL:** Gegen Sie wird eine Geldstrafe von 30 Tagessätzen verhängt. Die Tagessatzhöhe wird auf € 10,00 festgesetzt. Die Geldstrafe beträgt somit € 300,00.
> Sie haben die Kosten des Verfahrens und Ihre Auslagen zu tragen.

Erlassen wird grundsätzlich nur ein Strafbefehl, also die Urschrift mit Originalunterschrift des Richters. Es gibt selbstverständlich Ablichtungen für die Akten.

IV. Höhe und Berechnung der Geldstrafe

Im Grundsatz wird die Geldstrafe am erfüllten Straftatbestand ermittelt. Er bildet den Rahmen. Vollstreckungsfähig, d. h. mit Zwangsmitteln durchsetzbar, ist nur die sich aus der Anzahl und Höhe der Tagessätze zusammensetzende Geldstrafe. Die Bemessung der Geldstrafe darf nicht als rein schematische Berechnung betrachtet werden. Sie beruht auf einer Gesamtabwägung aller Umstände. In der Einzelfallbewertung der persönlichen Verhältnisse und der finanziellen Belastbarkeit des Täters soll sich widerspiegeln, dass die Geldstrafe kein spezielles Strafübel ist (anders bei der Freiheitsstrafe). Die Wertung obliegt dem Tatrichter und ist „bis zur Grenze des Verwertbaren" (BGHSt 27, 230; OLG Dresden, Urteil vom 3. 7. 2009, Az. 2 Ss 163/09) ausschöpfbar. Wird gegen das nach einem Einspruch gegen den Strafbefehl ergangene Urteil Berufung und/oder Revision eingelegt, wird allein vom Revisionsgericht überprüft, ob der Tatrichter die Einzelfallbewertung frei von Ermessensfehlern ausgeübt hat. Unter den Voraussetzungen der §§ 331 Abs. 1, 358 Abs. 2 StPO hat der Betroffene aber weder bei der Berufung noch bei der Revision eine Verschlechterung seiner Bestrafung zu befürchten. Dies ist nicht gestattet.

Das System der Geldstrafenbildung vollzieht sich in drei Zumessungsschritten.

Schritt 1: Es wird unter Heranziehung aller Zumessungsgesichtpunkte (die finanzielle Leistungsfähigkeit des Täters bleibt hier außer Betracht) nach den Grundsätzen des § 46 Abs. 1 StGB die Anzahl der Tagessätze festgelegt. Gemäß § 40 Abs. 1 StGB müssen mindestens 5 und dürfen maximal 360 Tagessätze verhängt werden. Als Zumessungsgesichtspunkte werden dabei die Schuld des Täters, die Wirkung der Tat auf das künftige Leben des Täters in der Gesellschaft, die Umstände für und gegen den Täter (z. B. Beweggründe, Gesinnung etc.) herangezogen.

Schritt 2: Im zweiten Schritt wird die Höhe der Tagessätze bestimmt. Die Höhe des einzelnen Tagessatzes nach § 40 Abs. 2 StGB muss jeweils € 1,00 und darf höchstens € 5.000,00 betragen. Die Geldsumme liegt somit insgesamt zwischen € 5,00 und € 1,8 Millionen. Zur Festlegung der Höhe der Tagessätze werden die persönlichen und wirtschaftlichen Verhältnisse des Täters (§ 46 Abs. 2 StGB) genau bewertet. Dabei ist in der Regel vom Nettoeinkommen auszugehen, d. h. von dem durchschnittlichen täglichen Netto-Verdienst oder Netto-Verdienstmöglichkeiten.

Schätzungen des Gerichts sind daher erlaubt, aber häufig mit einem Einspruch angreifbar. Dies gilt auch, wenn eine Gesamtstrafe (gleichzeitige Bestrafung mehrerer Straftaten) zu bilden ist.

Maßgeblicher Zeitpunkt für die Bestimmung des Nettoeinkommens ist der Zeitpunkt der Verurteilung/Verhängung der Geldstrafe durch das Gericht.

Das **Nettoeinkommen** wird gebildet aus der Summe aller aus selbstständiger und unselbstständiger Arbeit erzielten Einkünfte, wobei Gewinn und Verlust zu saldieren sind. Eine steuerrechtliche Betrachtung ist ausgeschlossen. Dazu zählen insbesondere Arbeitseinkünfte, Zinsgewinne, Unterhaltsbeträge, Sachbezüge, freie Kost und Logie, Wohn- und Mietwert des selbstgenutzten Eigenheims, Arbeitslosengeld I und II, Wohngeld, Kindergeld, Taschengeld usw. Kurzum: Hierunter fällt alles, was die Leistungsfähigkeit und das Leben des Täters prägt. Auch der nichtberufstätige Ehepartner oder

Partner in eingetragener Lebenspartnerschaft hat ggf. ein Nettoeinkommen, sofern er tatsächlich Naturalunterhalt inklusive Taschengeld erhält. Bei Studenten mit BAföG-Zuwendungen, die einen Teil davon als zinsloses Darlehen erhalten, besteht in der Rechtsprechung Uneinigkeit. Die herrschende Meinung geht jedoch davon aus, dass nur der Teil des BAföGs, der ein zinsloses Darlehen ist, Nettoeinkommen ist. Bei Wehrpflichtigen und Zivildienstleistenden werden der Wehrsold sowie Naturalleistungen/Sachbezüge (z. B. Verpflegung, Unterkunft, Kleidung) für die Berechnung des Nettoeinkommens herangezogen.

Der Mindesttagessatz von € 1,00 soll nur im Ausnahmefall, z. B. bei Strafgefangenen oder Asylbewerbern, angewandt werden.

Erstaunlicherweise wird Vermögen meist nicht berücksichtigt. Dies gilt nur dann nicht, wenn eine unangemessene Bevorzugung des Vermögenden im Verhältnis zu den anderen Verurteilten in gleichgearteten Fällen eintreten würde. Angelegenheiten wie Betriebsvermögen, Eigenheim, private Briefmarkensammlungen als mittleres Vermögen etc. bleiben außer Betracht.

Bei Darlehen ist zu berücksichtigen, dass Einnahmen des Darlehengebers ebenfalls zum Einkommen zählen. Zahlungen des Darlehennehmers auf das Darlehen sind somit auch Ausgaben.

Vom Einkommen können jedoch abgezogen werden:

- Werbungskosten
- laufende Steuern
- Sozialversicherungsbeiträge bei abhängig Beschäftigten
- Betriebsausgaben Selbstständiger
- Verluste
- Krankenversicherung
- Altersversicherungen
- bei Selbstständigen Beträge, die mit den Sozialbeiträgen abhängig Beschäftigter vergleichbar sind.

Nicht in Abzug gebracht werden können Schuldzinsen, Abzahlungsraten, Darlehensraten, Zinsaufwendungen für das selbstgenutzte

Eigenheim (dies kann sogar beim Einkommen berücksichtigt werden), Schulden aus aufwendigem Lebensstil, Steuerschulden aus vorsätzlichen Straftaten, Spekulationsschulden u.ä.

Sofern ein Unterhaltsverpflichteter tatsächlich Leistungen erbringt, sind diese angemessen vom Einkommen abzuziehen. Einen Anhaltspunkt hierfür bietet die Düsseldorfer Tabelle in der jeweils gültigen Fassung (abrufbar unter www.olg-duesseldorf.nrw.de). Alternativ ist ein von den Gerichten vorgenommener Abschlag möglich. Häufig beträgt der Abschlag 25 % für nicht berufstätige Ehepartner oder Partner in eingetragener Lebensgemeinschaft, 15 % für jedes weitere Kind, insgesamt aber keinesfalls mehr als 50 %.

Zu beachten ist, dass nur zumutbare, erzielbare Einkünfte berücksichtigt werden können (wie auch im Unterhaltsrecht üblich). Dahinter steckt der Wille des Gesetzgebers, dass es dem Täter nicht gelingen soll, sich in vorwerfbarer Weise zur Herabsetzung der Tagessätze zu betätigen. Vielmehr soll der Täter angehalten werden, weiterhin einer bezahlten Tätigkeit nachzugehen. Gerät das Ziel der Bestrafung in Gefahr, weil er geschickt sein Einkommen manipuliert, kann er **fiktiv (mögliche) erzielbare Einkommen** angerechnet bekommen. Die dafür notwendige vorwerfbare Unterlassung der Einkommenserzielung muss ohne billigenswerten Grund vom Täter verfolgt worden sein.

Das Gericht muss die Berechnungsgrundlage des Tagessatzes offenlegen und die wirtschaftliche Struktur und Lage des Arbeitsmarktes berücksichtigen.

Aufgeweicht wird die strafrechtliche Würdigung der potentiellen Einkünfte durch den Ausschluss der Anwendbarkeit der fiktiven Einkünfte, wenn nach der Rechtsprechung Motive vorliegen, die nicht von vornherein zu missbilligen sind und die individuelle Lebensentscheidungen berücksichtigen. Die Entscheidungen des Kammergerichtes Berlin und des Bundesfinanzhofes sind zur grundsätzlichen Schätzung des Einkommens interessant; BFH, Beschluss vom 28. 12. 2006, Az. VIII B 48/06.

BEISPIELE für nicht von vornherein zu missbilligende Motive:
(Folge: Herabsetzung des fiktiven Einkommens)
- Entziehung der Unterhaltsverpflichtung: D. h., der Unterhaltspflichtige kann nach dem strafrechtlichen Beurteilungspielraum einfach seine Arbeit aufgeben. Anders stellt es sich z. B. dar, wenn damit nach Auffassung des Strafrichters zusätzlich neben dem unterhaltsbedürftigen Kind auch noch die Kindesmutter geschädigt wird.
- Bankangestellte mit Anstellungsvertrag beschließt Rechtswissenschaften ohne weitere Einkünfte außer BAföG zu studieren

Besondere Ausgaben, die als außergewöhnliche Belastungen betrachtet und nachgewiesen werden können, sind vom Nettoeinkommen abziehbar. Diese Voraussetzung ist erfüllt, wenn personenbedingte Erschwernisse wie Behinderungen und Krankheiten zu finanziellen Belastungen führen.

Es stellt sich die Frage, wie das Nettoeinkommen und damit die Tagessatzhöhe ermittelt wird. Das Gericht gibt in der Regel anhand der aufgezeigten Bemessungsgrundlagen eine Schätzung ab (§ 40 Abs. 3 StGB). Das Gericht muss bei seiner Schätzung auch der Aufklärungspflicht des § 244 StPO gerecht werden. Die erfolgten Schätzungen sind vom Gericht genau darzulegen. Das betrifft sowohl die Schätzgrundlagen (z. B. ein Rundfunk- und Fernsehtechniker verdient in Sachsen ca. netto € 900,00) als auch die Begründung (z. B. statistischer Erhebungen ergaben dieses Durchschnittseinkommen). Die dazu vom Gericht angewandten Tatsachen und bearbeiteten Beweismittel müssen für Schätzgrundlagen von Bedeutung sein. Sonst sind sie unzulässig. Allerdings handelt es sich dabei um eine Kannbestimmung. D. h., liegt dem Gericht aufgrund der Untersuchungen der Ermittlungsbehörden, besonders der Polizei, das tatsächliche Nettoeinkommen vor, so hat es dies zu berücksichtigen. Liegen Angaben vor, die ohne großen Aufwand ermittelt werden können, so hat die Ermittlungsbehörde im Rahmen der Aufklärungspflicht diese Tatsachen herauszufinden. Anders liegt der Fall nur, wenn der Beschuldigte keine, unzureichende oder unzutreffende Angaben macht. Die Ermittlungsbehörden haben das Nettoeinkommen wirtschaftlich zu betrachten und können auf die steuerliche Einkommensermittlung zugreifen. Beschränkt werden die Ermittlungsbehörden auch nicht durch das Bankgeheimnis, sofern das überhaupt existiert, höchstens durch das Steuergeheimnis. Die Verletzung des Steuergeheimnisses ist unter den Voraussetzungen des § 355 StGB strafbar.

Das Gericht bewertet bei der Bestimmung der Anzahl der Tagessätze nicht, ob der Täter diese tatsächlich erbringen kann. Es bewertet lediglich die Anzahl der Tagessätze unter dem Gesichtspunkt, dass ein Tagessatz einem Tag Ersatzfreiheitsstrafe entspricht. Die Anzahl kann dann entsprechend nach oben oder unten korrigiert werden.

Praktischerweise haben die Staatsanwaltschaften und Gerichte Rundverfügungen der Generalstaatsanwälte bzw. Strafzumessungsempfehlungen für einzelne Fallgruppen gebildet. Diese dienen der schnellen Orientierungs- und Entscheidungshilfe und der einheitlichen Rechtsanwendung. Sie werden im Einzelfall auf ihre Angemessenheit hin überprüft, ggf. angepasst. Die Staatsanwaltschaften und Gerichte verwenden diese Rundverfügungen bzw. Strafzumessungsempfehlungen beim Vorliegen besonderer Umstände nicht vorbehaltlos.

BEISPIELE:
– Einfacher Diebstahl: 15 Tagessätze
– Unerlaubtes Entfernen vom Unfallort mit Fremdschaden: 30 Tagessätze

Schritt 3: Schritt 3 darf erst geprüft werden, wenn die Schritte 1 und 2 vollständig abgeschlossen sind. Nachdem Anzahl und Höhe der Tagessätze durch das Gericht bestimmt wurden, wird nun im letzten Schritt geprüft, inwieweit und ob überhaupt Zahlungserleichterungen in Betracht kommen. Der Ausspruch erfolgt dann in einem Urteil. Das Revisionsgericht kann Schritt 3 gesondert nachprüfen. Es besteht ein unmittelbarer Zusammenhang zwischen den Zahlungserleichterungen des § 42 StGB und den Strafvollstreckungsvorschriften und -möglichkeiten der §§ 459 ff. StPO. Das Gericht prüft diesen Schritt selbstständig von Amts wegen.

Zahlungserleichterungen nach § 42 StGB kommen dann in Betracht, wenn für den Täter die sofortige Zahlung der gesamten Geldstrafe unzumutbar ist. Gründe der Unzumutbarkeit sind seine persönlichen oder wirtschaftlichen Verhältnisse. Das Gericht gestattet bei Vorliegen einer der beiden Voraussetzungen, also persönlicher oder wirtschaftlicher Unzumutbarkeit, die Ableistung der Geldstrafe in Teilbeträgen. Oft knüpft das Gericht an die Teilbeträge eine Frist, bis wann die jeweiligen Teilbeträge zu erbringen sind. Wird diese nicht eingehalten, so entfällt die Ratenzahlungsabrede und die noch offene Geldstrafe ist gemäß § 459 StPO sofort vollständig zur Zahlung fällig und vollstreckbar.

Die Umstände der Unzumutbarkeit müssen persönlicher oder wirtschaftlicher Natur sein. Es dürfen Umstände, die bereits in den Schritten 1 und 2 eine Rolle spielten, für die Ratenzahlungsabrede wieder verwendet werden. Die Ratenzahlungsbewilligung darf den Charakter der Geldstrafe selbst nicht verändern und muss ein weiterhin fühlbares Strafübel bleiben. Gleichwohl muss sie erschwinglich sein und sollte durch den Verurteilten unter Aufwendung äußerster Sparsamkeit aufgebracht werden können (BGHSt 13, 357; Tröndle, ZstW 86, 555; Schönke/Schröder § 47 StGB Rn. 19).

Man kann sagen, Ratenzahlung ist dann zu gewähren, wenn die Geldstrafe nicht aus dem laufenden Einkommen oder aus dem liquiden (flüssigen) Vermögen gezahlt werden kann. Inwieweit Vermögen oder bestehende Schuldverpflichtungen berücksichtigt werden können, hängt von der Einzelfallbewertung durch das Gericht ab. Das Gericht schätzt ein, ob die Schulden und die Abzahlung der Geldstrafe parallel bedient werden können.

Liegen diese Voraussetzungen vor, so muss das Gericht zwingend Zahlungserleichterungen bewilligen. Entweder spricht es dann eine Zahlungsfrist aus oder eben die Bewilligung von Ratenzahlungen.

Die Zahlungsfrist erfolgt durch die Festlegung eines Fälligkeitszeitpunktes für die dann vollständig zu zahlende Geldstrafe. Für die Ratenzahlungsbewilligung entwickelt das Gericht eine bestimmte Ratenhöhe und belegt diese jeweils mit einer Zahlungsfrist. Im Allgemeinen sollte die Zahlungsfrist nicht länger als drei Monate betragen. Beide Varianten sind genau mit einzelnen Fälligkeitsterminen und ggf. der Festlegung von Ratenhöhen zu versehen. Das erkennende Gericht ist bei dieser Bestimmung in der Entscheidung freier als bei der Festsetzung der Tagessatzhöhe.

BEISPIELE für die Ratenzahlungsbestimmung:
- in monatlichen Raten von jeweils € 20,00 ab dem 1. des auf Rechtskraft folgenden Monats, oder
- in fünf gleichen Raten ab 15. 11. 2010

BEISPIEL für die Zahlungsfrist:
Die Geldstrafe ist zu zahlen bis zum 1. des auf Rechtskraft folgenden Monats.

Zahlungserleichterungen werden jedoch dann nicht gewährt, wenn das Gericht weiß, dass der Täter die Bundesrepublik verlassen will. Das gilt auch dann, wenn der Täter ankündigt, ein Ableisten der Geldstrafe nicht in angemessener Frist vorzunehmen.

Ist die entwendete Sache weg, verbraucht oder nur noch deren Wert in Form eines anderen (getauschten) Gegenstandes oder als Geldwert vorhanden, sind Zahlungserleichterungen dennoch möglich. Dann kann die Einziehung des Wertersatzes durch Anordnung des Gerichts bis zu der Höhe des Wertes des entwendeten Gegenstandes erfolgen.

§ 42 StGB findet nur Anwendung auf die Geldstrafe, nicht auf die Verfahrenskosten. Für letztere sind als Vollstreckungsbehörden die Staatsanwaltschaften zuständig.

Für Ordnungswidrigkeiten gilt die entsprechende Vorschrift des § 18 OWiG (Ordnungwidrigkeitengesetz).

Nach Rechtskraft des Urteils ist für die Beitreibung der Geldstrafe nicht das Gericht, sondern die Strafvollstreckungsbehörde zuständig. Sie kann ebenso die Bewilligung von Vergünstigungen im Sinne des § 42 StGB beschließen.

Im Verhältnis von Freiheitsstrafe und Geldstrafe gilt: Geldstrafe neben Freiheitsstrafe gibt es nur in den Grenzen des § 41 StGB.

Bei Freiheitsstrafe mit einem erhöhten Maß, d. h. Überschreitung der gesetzlichen Mindeststrafe von einem Monat, wird Geldstrafe nicht angedroht.

Besteht die Verhängungs-, Verurteilungsmöglichkeit von Freiheitsstrafe unter sechs Monaten, so hat das Gericht Geldstrafe zu verhängen, § 47 Abs. 1 StGB. Hier spielt es keine Rolle, ob der Täter die Geldstrafe wirtschaftlich nicht aufbringen kann oder finanziell wohlsituiert ist.

Alternativ kann vor der Verurteilung/Verhängung der Geldstrafe die Verwarnung vorgeschaltet werden. Die §§ 59 ff. StGB erlauben eine bloße Verwarnung des Täters mit der Möglichkeit, bei einem Rückfall der verurteilten Person zur zuvor festgesetzten Geldstrafe zurückzukehren. Es gibt zudem die Möglichkeit nach den allgemeinen Regeln des § 60 StGB von der Strafe abzusehen, wenn die den Täter getroffenen Folgen der Tat so schwer sind, dass die Strafverhängung offensichtlich verfehlt wäre. Allerdings gilt dies nicht, wenn der Täter eine Freiheitsstrafe von mehr als einem Jahr verbüßt hat. Das ist die Strafobergrenze.

V. Verfahrensablauf/Inhalt

Das Gericht muss bei Erlass des Strafbefehls nicht vom Tat- und Schuldvorwurf überzeugt sein. Es reicht der hinreichende Tatverdacht, § 408 Abs. 2 StPO. Hinreichender Tatverdacht liegt vor, wenn bei vorläufiger Bewertung der Tat die Wahrscheinlichkeit zur Verurteilung besteht. Es müssen für die Tat einschließlich Rechtswidrigkeit und Schuld genügend Beweise vorliegen. Ein Strafausschließungs- oder Strafaufhebungsgrund darf nicht vorliegen. Strafausschließungsgrund ist ein in der Person des Täters liegender, schon zur Tatzeit vorhandener Umstand, der zur persönlichen Straflosigkeit des Täter führt (z. B. Immunität), obwohl Tatbestandsmäßigkeit, Rechtswidrigkeit und Schuld gegeben sind. Tritt der Umstand erst nach der Tat ein, so handelt es sich um einen Strafaufhebungsgrund (z. B. beim Rücktritt).

Der Strafbefehl ist, wie bereits erwähnt, eine vorläufige Entscheidung. Der Strafbefehl wird endgültig rechtskräftig, wenn der Angeklagte nicht rechtzeitig mit dem Rechtsbehelf Einspruch einlegt. Mit rechtzeitig eingelegtem Einspruch erzwingt der Angeklagte die gerichtliche Überprüfung des Strafbefehls. Die erfolgt durch das Urteilsverfahren mit Hauptverhandlung und Urteil. Regelungen dazu sind in § 410 Abs. 1 S. 1 StPO und § 411 Abs. 1 S. 2 StPO zu finden.

1. Voraussetzungen

Die Voraussetzungen des Strafbefehls sind insbesondere in den §§ 407 bis 409 StPO geregelt.

Zwar regelt das Gesetz in § 407 Abs. 1 StPO die Zuständigkeit für den Strafrichter oder das Schöffengericht der Amtsgerichte. Der Strafrichter ist jedoch stets zuständig, wenn Vergehen mit Freiheitsstrafe bis zu zwei Jahren beurteilt werden. Zudem ist das Strafbefehlsverfahren nur zulässig, soweit Freiheitsstrafe bis zu einem Jahr unter Bewährung in Betracht kommt. Damit spielt das amtsgerichtliche Schöffengericht im Strafbefehlsverfahren keine Rolle. Also ist es ein Verfahren der Strafrichter. Die im Strafbefehl qualifizierte Tat muss ein Vergehen sein. Für Verbrechen ist ein Strafbefehl unzulässig. Vergehen sind rechtswidrige Straftaten, § 12 Abs. 2 StGB, die mit einer Freiheitsstrafe von unter einem Jahr oder Geldstrafe bedroht sind.

Die Staatsanwaltschaft stellt einen schriftlichen Antrag auf Erlass des Strafbefehls (§ 409 Abs. 1 StPO). Er enthält auch die Rechtsfolgen der Tat. Die Staatsanwaltschaft prüft anhand der Ermittlungsergebnisse, ob eine Hauptverhandlung erforderlich ist. Ist sie es nicht und liegt gegen den Beschuldigten hinreichender Tatverdacht vor, kann Strafbefehl beantragt werden. Da der Antrag der Staatsanwaltschaft auf Strafbefehl und der Strafbefehl des Gerichts selbst übereinstimmen müssen, formuliert die Staatsanwaltschaft den Strafbefehl vor. Nach Auffassung der Rechtsprechung ist eine Hauptverhandlung nur nötig, wenn die vollständige Ermittlung und Aufklärung aller Umstände, Ursachen, Gründe für die Verhängung/Verurteilung mit den erforderlichen Rechtsfolgen geboten erscheint.

Strafbefehlsverfahren sind gegenüber Erwachsenen und unter Umständen auch gegen Heranwachsende zulässig. Erwachsen ist eine Person, die das 21. Lebensjahr vollendet hat. Heranwachsende sind Personen mit einem Lebensalter von 18 bis 21 Jahren. Jugendliche, folglich Personen unter 18 Jahre, dürfen nicht im Wege des Strafbefehls beurteilt werden, § 79 Abs. 1 JGG. Für die Anwendung bei Heranwachsenden gemäß § 109 Abs. 2 S. 1 JGG (Jugendgerichtsgesetz) muss die Strafbarkeit nach den allgemeinen Regelungen unter Anwendung des allgemeinen Strafrechts beurteilt werden. Es dürfen mithin bei dem Heranwachsenden nach § 105 Abs. 1 JGG keine Entwicklungs- und Reifedefizite vorliegen, die ihn in seiner Entwicklung einem Jugendlichen gleichstellen. Es darf sich auch nicht um eine jugendtypische Tat handeln. Ein unter Missachtung der Vorschriften des Jugendgerichtsgesetzes erlassener Strafbefehl ist jedoch zunächst wirksam. Der Mangel wird geheilt, wenn Einspruch dagegen eingelegt wird, da dann das Jugendgericht zur Sache verhandelt.

> **BEISPIELE:**
> – 20-Jähriger verursacht mit seinem eigenen PKW einen Unfall und begeht Fahrerflucht: in der Regel Strafbefehlsverfahren möglich
> – 20-Jähriger beteiligt sich an körperlichen Auseinandersetzung in Disko: in der Regel kein Strafbefehlsverfahren möglich

Ist der Täter mit unbekanntem Aufenthaltsort ohne Zustellbevollmächtigten oder im Ausland ohne Zustellbevollmächtigten und erscheint seine Auffindung nicht ausführbar oder angemessen (§ 276 StPO), so kann kein Strafbefehl erlassen werden.

Die bereits erfolgte Haft eines Beschuldigten oder Angeklagten wegen der gleichen oder einer anderen Tat ist irrelevant. Sie wird später höchstens angerechnet. Die Staatsanwaltschaft muss nur prüfen, ob das beschleunigte Verfahren des § 147 StPO eine schnellere Verfahrenserledigung erzeugen würde.

Bei Steuersachen kann die Finanzbehörde Strafbefehlsantrag im Steuerstrafverfahren stellen. Die Finanzbehörde muss hierbei das Ermittlungsverfahren nach § 386 AO (Abgabenordnung) selbstständig geführt haben.

Bei mehreren Tätern einer Tat reicht ein Strafbefehlsantrag gegen alle aus. Es steht im Ermessen des Richters einen Strafbefehl gegen alle zu erlassen oder alle getrennt zu beurteilen.

> **BEISPIELE:**
> – gemeinschaftlicher Diebstahl
> – gemeinsam ausgeübte Körperverletzung
> – gemeinsame räuberische Erpressung

Sofern die Voraussetzungen für einen Strafbefehlsantrag vorliegen, hat die Staatsanwaltschaft diesen zu bantragen. Es ist egal, ob die Staatsanwaltschaft aus den Akten erkennt, dass der Beschuldigte Einspruch einlegen wird. Der Beschuldigte kann vom Gericht nicht verlangen, auch nicht zur Kostenersparnis, dass er statt einem Urteil mit Hauptverhandlung einen Strafbefehl erhält.

2. Inhalt

Der notwendige Inhalt **des Strafbefehls ist gesetzlich in § 409 StPO niedergelegt.**

a) § 409 Abs. 1 S. 1 StPO

aa) Nr. 1: Angaben zur Person des Angeklagten und etwaiger Neben-beteiligter: Der Beschuldigte muss genau bezeichnet werden. Diese Angaben können auch in die Anschrift verlagert werden. Für Ne-benbeteiligte gilt das entsprechend. Nebenbeteiligte sind Personen, die in allgemeinem Interesse oder zur Abwehr eigener Rechtsnach-teile am Verfahren teilnehmen und dies auch dürfen. Dazu gehören u. a. Verletzte, die Verwaltungsbehörde bei Bußgeldverfahren, die Finanzbehörde bei Steuerstrafverfahren etc. Die Nebenbeteiligung kann sich auf das gesamte Verfahren, aber auch nur auf Teile dessen beziehen.

bb) Nr. 2: Namen des Verteidigers: Damit ist der bestellte Rechtsanwalt gemeint. Denn der Strafbefehlsantrag muss insoweit den gleichen Voraussetzungen wie die Anklageschrift Genüge tun.

cc) Nr. 3: Bezeichnung der Tat, die dem Angeklagten zur Last gelegt wird, Zeit und Ort ihrer Begehung und die Bezeichnung der gesetzlichen Merkmale der Straftat: Hier wird der Bezug zu den Formvorschriften der Anklageschrift deutlich. Die Tat und alle in Betracht kommenden gesetzlichen Merkmale sind angegeben. Das ist wichtig, weil nach der Einlegung des Einspruchs der Strafbefehl in den Anklagesatz lediglich mündlich umformuliert wird. Dazu gehört zwingend die Orts- und Datums- bzw. Zeitangabe und was der Beschuldigte zu dieser Zeit getan hat. Die Tatbestandsmerkmale sind verständlich zu beschreiben. Die bloße Wiedergabe des Gesetzestextes ist unzulässig. Es hat eine Darstellung des konkreten Einzelsachverhalts zu erfolgen. Stimmen einzelne Angaben nicht oder sind fehlerhaft und wird Einspruch eingelegt, so ist das Verfahren vom Amtsgericht einzustellen.

Ein Verstoß gegen § 409 Abs. 1 S. 1 Nr. 3 StPO liegt vor, wenn die Straftat nicht konkret beschrieben wurde oder die Tatzeit fehler- und mangelhaft ist. Der Verstoß wirkt sich jedoch nur bei Einspracheinlegung aus. Denn dann muss das Verfahren durch das Gericht wegen Fehlen der Prozessvoraussetzungen eingestellt werden. Eine Verfahrenseinstellung wird weder in das Bundeszentralregister noch das Verkehrszentralregister eingetragen; BGHSt 23, 336, 340; Karlsruher Kommentar zur StPO, § 153a, Rn 44–48, 6. Auflage 2008.

Weiter gilt, dass das Fehlen der Unterschrift in der Urschrift des Strafbefehls ein wesentlicher Mangel ist. Er führt zur Unwirksamkeit. Wird zu diesem Mangel Einspruch eingelegt, wird das Verfahren wegen Fehlen der Prozessvoraussetzungen eingestellt. Das Verfahren kann danach wegen derselben Tat nicht wieder neu aufgenommen werden. Die Einstellung ist endgültig.

dd) Nr. 4: angewendete Vorschriften nach Paragraf, Absatz, Nummer, Buchstabe und Bezeichnung des Gesetzes: Damit sind die Fundstellen im Gesetz und die rechtliche Bezeichnung anzugeben.

> **BEISPIELE:**
> – Diebstahl nach § 242 Abs. 1 StGB
> – Sachbeschädigung nach § 303 StGB
> – Fahrlässige Körperverletzung nach den §§ 223 Abs. 1, 229, 230 Abs. 1 StGB

ee) Nr. 5: Beweismittel: Beweismittel sind Zeugen, Urkunden, Lichtbilder, Verkehrsunfallanzeigen etc.

Die Angabe muss so konzentriert sein, dass der Beschuldigte prüfen kann, ob die Tat beweisbar ist. Damit soll er abschätzen können, ob ein Einspruch Aussicht auf Erfolg hat. Fehlen Angaben und Beweismittel, hat das jedoch rechtlich keine Auswirkungen.

ff) Nr. 6: Festsetzung der Rechtsfolgen: Die Festsetzung muss in der Urschrift des Strafbefehls erfolgen und ist aus sich selbst heraus vollstreckbar. Es muss für die Vornahme einer Vollstreckung also keine Voraussetzung hinzutreten. Eine Begründung ist möglich, wird praktisch aber nicht vorgenommen. Fehlt die Rechtsfolgenfestsetzung oder sind die Rechtsfolgen unzulässig, so ist der Strafbefehl dennoch wirksam. Bei Einspruchseinlegung dient er sodann zumindest als Verfahrensgrundlage. Nach Eintritt der Rechtskraft darf zudem kein neuer Strafbefehl erlassen werden, der denselben Tatvorwurf beinhaltet.

gg) Nr. 7: Belehrung: Die Belehrung erfolgt über die Möglichkeit des Einspruchs und die dafür vorgeschriebene Frist und Form sowie den Hinweis, dass der Strafbefehl rechtskräftig und vollstreckbar wird, soweit gegen ihn kein Einspruch nach § 410 StPO eingelegt wird. Dieser Hinweis ergeht nur an den Angeklagten und die Nebenbeteiligten. Nicht an andere Personen, wie Verteidiger, Geschädigte, Zeugen.

b) § 409 Abs. 1 S. 2 StPO

Wird gegen den Angeklagten eine Freiheitsstrafe verhängt, wird er mit Strafvorbehalt verwarnt oder gegen ihn ein Fahrverbot angeordnet, so ist er zugleich nach § 268a Abs. 3 oder § 268c S. 1 StPO zu belehren. § 111i Abs. 2 sowie § 267 Abs. 6 S. 2 StPO gelten entsprechend.

Unterbleibt eine solche Belehrung, so wird sie gemäß § 453a StPO nachgeholt.

c) § 409 Abs. 1 S. 3 StPO

Für weitere Begründungen und Feststellungen gilt:

Steht der Anordnung des Verfalls der erlangten Sache (siehe Kap. 1 VI. 4) nur der Anspruch des Verletzten entgegen, § 73 Abs. 1 S. 2 StGB, können die in § 111i Abs. 2 StPO vorgesehenen Feststellungen im Strafbefehl erfolgen. Das sind die Feststellungen, dass der Verfall z. B. wegen Ansprüchen des Verletzten nicht erfolgen kann. Das Gericht bezeichnet dann das Erlangte und stellt dessen Wert fest. Gegebenenfalls werden dann noch Zwangsvollstreckungskosten, Befriedigungskosten, Herausgabekosten abgezogen.

Damit wird die Grundlage für den auffangenden Rechtserwerb des Staates geschaffen und das weitere Verfahren nach § 111i Abs. 3 bis 5 StPO eröffnet. Die Begründung des Absehens von der Fahrerlaubnisentziehung nach § 69 StGB oder der Verhängung einer isolierten Sperre nach § 69a Abs. 1 S. 3 StGB ist notwendig, um die Verwaltungsbehörde an die Entscheidung zu binden. Gleichwohl reicht hier die formelhafte Begründung.

d) § 409 Abs. 2 StPO

Der Strafbefehl wird auch dem gesetzlichen Vertreter des Angeklagten mitgeteilt. Gesetzliche Vertreter sind die sorgeberechtigten Eltern des minderjährigen Kindes.

e) Kostenentscheidung

Die Kostenentscheidung hinsichtlich der Verfahrenskosten ist nach § 464 StPO zwingend. Für die notwendigen Auslagen ist das nicht zwingend, z. B. die Kosten des bestellten Rechtsanwalts. Sie wird jedoch in der Regel vorgenommen.

Eine Belehrung über die sofortige Beschwerdemöglichkeit hinsichtlich der Kosten nach § 464 Abs. 3 StPO ist nicht vorgesehen. Lediglich beim Nebenkläger ist, sogar wenn der Beschuldigte den Einspruch gegen den Strafbefehl zurückgenommen hat, die ausdrückliche Entscheidung zu dessen notwendigen Auslagen und die Beschwerdebelehrung zur sofortigen Beschwerde (§ 464 Abs. 3 S. 1 StPO) hinsichtlich der notwendigen Auslagen vorzunehmen.

Sollten während des Ermittlungsverfahrens besondere Umstände behauptet worden sein, die die Strafbarkeit ausschließen (z. B. Notwehr), vermindern (z. B. leichte Psychosen) oder erhöhen (z. B. gefährliche Körperverletzung durch Verwendung einer Waffe), so hat der Strafbefehl dazu Stellung zu nehmen, ob diese Umstände für festgestellt oder nicht festgestellt erachtet werden.

3. Ablauf/Zustellung

Hinsichtlich des Ablaufs gilt: Ist das Gericht vom Tatvorwurf hinreichend überzeugt, so erlässt es den Strafbefehl und stellt ihn zu. Zugestellt wird eine Ausfertigung oder eine beglaubigte Abschrift des Schriftstückes. Ausgeführt wird die Zustellung durch die Geschäftsstelle des Gerichts. Eine Zustellung ohne richterliche Verfügung ist unwirksam, OLG Stuttgart ZfS 1996, 434 (auch Richtlinien für das Strafverfahren und Bußgeldverfahren, Stand 1. 1. 2008, Nr. 179, 196).

Die wirksame Zustellung ist von entscheidender Bedeutung. Nur eine wirksame Zustellung setzt die Rechtsbehelfsfristen und Rechtsmittelfristen in Gang.

Es erfolgt eine förmliche Zustellung. Da die Strafprozessordnung in § 37 Abs. 1 StPO auf die Zivilprozessordnung verweist, geltend deren Regelungen. Die Zustellungsformen und deren Ablauf sind in den §§ 166 f. ZPO (Zivilprozessordnung) geregelt.

An die sachbearbeitenden, beauftragten Rechtsanwälte wird in der Regel vereinfacht mittels Empfangsbekenntnis zugestellt, § 174 ZPO i. V. m. § 37 StPO. Zugestellt gilt das Schriftstück durch Unterzeichnung des bearbeitenden Rechtsanwaltes, wenn dieser persönlich (nicht etwa das Büropersonal) Kenntnis erhält.

Nach Auffassung der Autorin und der meisten Gerichte (außer BayObLG, OLG Frankfurt) ist eine Zustellung an den beauftragten

Rechtsanwalt, dessen schriftliche Verteidigungsvollmacht nicht zum Zeitpunkt der Zustellung bei den Akten liegt, unwirksam; OLG Düsseldorf DAR 2004, 41.

Ebenso ist der Strafbefehl an den Nebenbeteiligten oder dessen bevollmächtigten Vertreter, sofern gegen ihn eine Rechtsfolge ausgesprochen wurde, zuzustellen.

Der gesetzliche Vertreter des Angeklagten erhält den Strafbefehl nur formlos, d. h. ohne das dadurch Fristen in Gang gesetzt werden. Bei ihm ist eine förmliche Zustellung nicht nötig.

Die Staatsanwaltschaft und der Nebenklageberechtigte erhalten keinen Strafbefehl. Sie haben kein Einspruchsrecht.

Die Zustellung erfolgt durch Aufgabe des Zustellauftrages an die Post, § 176 ZPO. Die Übergabe an die Post erfolgt dann gleichzeitig mit der Zustellurkunde, welche meist die persönliche Zustellung durch Unterschrift nachweist.

Die persönliche Zustellung erfolgt in der Regel in der Wohnung. Hierbei ist nicht der gemeldete Wohnsitz gemeint, sondern die Räumlichkeit, die die Person für einige Zeit tatsächlich bewohnt (z. B. Wohnung der Freundin).

Tipp für Studenten:

Nach Entscheidung des OLG Karlsruhe NZV 1996, 164 haben Studenten während des Semesters ihren Wohnsitz am Studienort, in den Semesterferien jedoch an die Heimatadresse zurückverlagert.

Auch die Ersatzzustellung ist zulässig, nicht aber die öffentliche Zustellung über Gerichtsaushang.

Die Zustellung ist nur wirksam, wenn die Zustellurkunde zu den Akten des Gerichts gelangt.

Fehler in der Zustellung führen dazu, dass bei Nachweis ein Wiedereinsetzungsantrag in eine eventuell bereits abgelaufene Einspruchsfrist gestellt werden kann oder diese wegen neu zu erledigender Zustellung verspätet zu laufen beginnt. Aber die bloße Behauptung, man habe den Strafbefehl nicht erhalten oder dessen Annahme verweigert, reicht nicht aus. Vielmehr muss konkret vorgetragen werden, aus welchen Gründen (z. B. Wohnsitzänderung) die Zustellung unwirksam ist.

Zugestellt werden kann an jedem Ort, an dem die Person, an die zugestellt werden soll, sich aufhält, § 177 ZPO.

Ersatzzustellungen sind Zustellungsformen, die eingreifen, wenn der eigentliche Adressat des Strafbefehls nicht erreicht werden konnte. Das ist Voraussetzung und muss urkundlich auf der Zustellurkunde festgeschrieben werden. Zudem muss sich durch Unterschriftsleistung des niederlegenden Postbeamten auch der Ort und die Zeit der tatsächlichen Niederlegung aus der Zustellurkunde ergeben; OLG Düsseldorf NJW 2000, 3511; BGH 19. 7. 2007, Az. I ZR 136/05.

Ersatzzustellungen sind Zustellungen nach: § 178 Abs. 1 Nr. 1 ZPO in der Wohnung an einen erwachsenen Familienangehörigen, einer in der Familie beschäftigte Person oder einen erwachsenen ständigen Mitbewohner.

Als erwachsen gilt, wer nach der körperlichen und geistigen Verfassung reif genug ist. Volljährigkeit ist dazu nicht nötig. Die frühere Ansicht, dass immer nur bei ständigen Hausgenossen zugestellt werden kann, gilt nicht mehr.

Tipp für Lebenspartner:

Nach herrschender Auffassung gehört der zusammenlebende Lebenspartner nicht zur Familie, BGH NStZ 1987, 469. Die Zustellung an den Partner ist somit unwirksam.

Bei Familienmitgliedern herrscht in der Rechtsprechung Uneinigkeit, zumindest aber an „ständige" Mitbewohner kann zugestellt werden; vgl. MünchKomm-ZPO/Häublein, § 178 Rn. 15.

---

§ 178 Abs. 1 Nr. 2 ZPO in Geschäftsräumen an eine dort beschäftigte Person. Insbesondere ist das wichtig für Gewerbetreibende.

§ 178 Abs. 1 Nr. 3 ZPO in Gemeinschaftseinrichtungen: an den Leiter der Einrichtung oder einem dazu ermächtigten Vertreter.

Voraussetzung: die Zustellung in Briefkästen oder ähnlichen Vorrichtungen war nicht durchführbar. Einrichtungen sind z. B. Altenheime und Krankenhäuser.

§ 180 ZPO durch Einlegung in den Briefkasten: oder ähnliche von dem Adressaten eingerichtete Vorrichtungen, wenn eine Ersatzzustellung an Dritte in der Wohnung oder den Geschäftsräumen scheiterte.

Es muss in den zu der Wohnung gehörenden Briefkasten, Einwurfschlitz der Wohnung eingeworfen werden.

§ 181 ZPO durch Niederlegung: beim Amtsgericht des Zustellbezirkes oder an einer von der Post bestimmten Stelle des Zustellortes.

Dies gilt, wenn selbst die Zustellung nach § 180 ZPO oder § 178 Abs. 1 Nr. 3 ZPO scheitert. Für den Beginn der Frist ist der maßgebliche Zeitpunkt die Abgabe der schriftlichen Mitteilung über die Niederlegung.

Die schriftliche Niederlegung erfolgt auf einem dafür vorgesehenen Formular, welches dann unter der Anschrift des Betroffenen wie ein normaler Brief abgegeben oder – sofern nicht möglich – an die Tür der Wohnung, des Geschäftsraumes oder der Gemeinschaftseinrichtung angeheftet wird. Damit gilt das Schriftstück als zugestellt.

Das eigentliche Schriftstück wird drei Monate zur Abholung bereitgehalten und danach an den Absender zurückgeschickt.

Die Zustellurkunde muss die Geschäftsnummer aufweisen und muss identisch mit der auf dem Briefumschlag des zuzustellenden Schriftstücks sein. Sonst ist die Zustellung unwirksam, BFH NJW 1969, 1136; BGH VersR 1965, 653.

Durch die Reform der Zustellvorschriften der ZPO im Jahre 2002 tritt Heilung eines Zustellmangels ein, wenn das Schriftstück tatsächlich der Person zugeht, an die es gerichtet war, also der tatsächliche, nachweisbare Zugang vorliegt; § 37 Abs. 1 StPO i. V. m. § 189 ZPO. Dann wird die ursprünglich unwirksame Zustellung wirksam, wenn der Strafbefehl irgendwann beim Angeklagten ankommt.

Ist die zugestellte Version des Strafbefehls mit wesentlichen Abweichungen zur Urschrift angekommen, so ist sie unzulässig. Die

Einspruchsfrist beginnt erst dann zu laufen, wenn Urschrift und zugestellte Schrift gleich sind.

Ist die Zustellung unwirksam, beginnt die Rechtsbehelfs-, Rechtsmittelfrist nicht zu laufen. Ein Einspruch kann damit ohne Rücksicht auf die Einspruchsfrist eingelegt werden.

> ### Achtung!
>
> Im Fall der Versäumung der Einspruchsfrist wird zuerst die Wirksamkeit der Zustellung geprüft. Das gilt besonders bei Stellung eines Wiedereinsetzungsantrages.
> Nur eine wirksame Zustellung hat verjährungsunterbrechende Wirkung. So verlängert sich mit unwirksamer Zustellung gerade nicht die Verjährungsfrist um sechs Monate, BGH DAR 2000, 74.

VI. Einstellung des Verfahrens

Bietet die Strafsache mit den durch die Staatsanwaltschaft erledigten Ermittlungen nicht hinreichenden Anlass zur Erhebung der öffentlichen Klage nach § 170 Abs. 1 StPO, so muss nach Abs. 2 eingestellt werden.

Die Vorschriften über die Einstellung innerhalb des Verfahrens folgen den allgemeinen Regeln der §§ 153 ff. StPO. Im Folgenden werden nur die gebräuchlichsten Einstellungsarten vorgestellt.

1. § 153 StPO – Einstellung wegen geringer Schuld

Eine Einstellung wegen geringer Schuld des Täters und mangelndem öffentlichen Interesse an der Strafverfolgung ergeht nach § 153 StPO. Dabei muss ohne Einstellung der unterste Bereich des Strafrahmens in Betracht kommen und zwar im Vergleich zu gleichgelagerten Fällen. Dies bezieht sich in der Prüfung u. a. auf die Auswirkungen der Tat, das Maß der Pflichtwidrigkeit etc. Bei geringfügigen Vergehen bedarf es insoweit nicht einmal der Zustimmung des Gerichts. D. h., die Straftat darf nicht mit einem Mindestmaß erhöhter Strafe bedroht sein und die Tatfolgen müssen gering sein.

> **BEISPIEL:** Ein erhöhtes Mindestmaß bei den Qualifikationen des Diebstahls gemäß § 244 StGB liegt vor. Dann scheidet die Einstellung nach § 153 StPO aus. Anders aber beim einfachen Diebstahl nach § 242 StGB.

Die Wertgrenze bei geringen Tatfolgen liegt derzeit etwa bei € 50,00. Vor Anklageerhebung ist für die Einstellung die Staatsanwaltschaft (ggf. Zustimmung des Gerichts) zuständig. Nach Anklageerhebung ist das Gericht des ersten Rechtszuges (ggf. Zustimmung der Staatsanwaltschaft und des Angeklagten) zuständig.

2. § 153a StPO – Einstellung unter Auflagen/ Weisungen

Zudem kann nach § 153a StPO eingestellt werden. Dann erfolgt die Einstellung ähnlich wie bei § 153 StPO, allerdings unter der Bedingung, dass gegen den Beschuldigten Auflagen und Weisungen erteilt werden. Die Aufzählungen des § 153a S. 2 StPO sind nicht abschließend, decken aber die meisten Fälle ab. Möglich sind folgende Verpflichtungen:

1) Wiedergutmachung des durch die Tat verursachten Schadens durch eine bestimmte Leistung

2) Zahlung eines Geldbetrages zugunsten einer gemeinnützigen Einrichtung oder der Staatskasse

3) Erbringung sonstiger gemeinnütziger Leistungen

4) Zahlung der Unterhaltspflichten in einer bestimmten Höhe

5) ernsthaftes Bemühen, einen Ausgleich mit dem Verletzten zu erreichen (Täter-Opfer-Ausgleich) und dabei seine Tat ganz oder zum überwiegenden Teil wieder gut zu machen oder deren Wiedergutmachung zu erstreben oder

6) Teilnahme an einem Aufbauseminar nach § 2b Abs. 2 S. 2 oder § 4 Abs. 8 S. 4 StVG.

Zur Erfüllung der Auflagen und Weisungen setzt die Staatsanwaltschaft dem Beschuldigten eine Frist, die in den Fällen des S. 2 Nr. 1 bis 3, 5 und 6 höchstens sechs Monate, in den Fällen des S. 2 Nr. 4 höchstens ein Jahr beträgt. Die Staatsanwaltschaft kann Auflagen und Weisungen nachträglich aufheben und die Frist einmal für die Dauer von drei Monaten verlängern; mit Zustimmung des Beschuldigten kann sie auch Auflagen und Weisungen nachträglich auferlegen und ändern. Erfüllt der Beschuldigte die Auflagen und Weisungen, so kann die Tat nicht mehr als Vergehen verfolgt werden. Erfüllt der Beschuldigte die Auflagen und Weisungen nicht, so werden Leistungen, die er zu ihrer Erfüllung erbracht hat, nicht erstattet. § 153 Abs. 1 S. 2 StPO gilt in den Fällen des S. 2 Nr. 1 bis 5 entsprechend.

Während der Verlaufsfrist für die Erfüllung der Auflagen und Weisungen ruht die Verjährung.

3. § 153b StPO – Einstellung wegen Absehen von Strafe

Besteht die Möglichkeit, dass das erkennende Gericht von der Strafe absehen könnte, so kann die Staatsanwaltschaft mit Zustimmung des Gerichts einstellen.

BEISPIELE hierfür sind:
- § 83 a StGB, Tätige Reue bei Hochverratsstraftaten
- § 139 Abs. 1 StGB, wenn eine geplante Straftat nicht angezeigt und nicht ausgeführt wurde
- § 315b Abs. 4 StGB bei gefährlichen Eingriffen in den Straßenverkehr mit fahrlässiger Gefahrverursachung

Auch bei Taten mit Auslandsbezug (eventuell aufgrund des Bezugs zum Tatort oder durch den Bezug zur Person) kann unter Umständen nach den §§ 153c, 154b StPO eingestellt werden. Ebensolches gilt nach § 153d StPO für politische Straftaten, nach § 153e StPO bei tätiger Reue bei Staatsschutzdelikten, § 153 f StPO bei gleichzeitiger Anwendbarkeit des Völkerstrafgesetzbuches.

4. § 154 StPO, § 154a StPO – Einstellung einer unwesentlichen Nebenstraftat

Die Strafverfolgung bei sog. Mehrfachtätern, also Personen, die mehr als ein Delikt begangen haben, kann die Staatsanwaltschaft für eine der Taten einstellen, wenn sie im Vergleich zu den anderen Taten hinsichtlich Strafe oder Maßregelungen der Besserung und Sicherung nicht erheblich ins Gewicht fällt, § 154 StPO.

§ 154a StPO erlaubt demgegenüber eine Beschränkung auf einzelne Teile der Tat, sofern Taten und Tatteile, die nicht erheblich hinsichtlich Strafe und Maßregelung der Besserung und Sicherung zum Rest des zu beurteilenden Sachverhaltes sind, ausgeschieden werden können.

Beide Normen sollen die Verfahren beschleunigen.

Achtung!

Steht im Strafbefehl, dass die übrige Tatbeurteilung nach den §§ 154, 154a StPO eingestellt wurde, muss der Einspruch reiflich überlegt werden, weil:
- sofern die verhängte Strafe oder Maßregel der Haupttat wegfällt, kann das Gericht nach § 154 Abs. 3 StPO die eingestellte Tat, solange diese nicht verjährt ist, wieder aufleben lassen,
- nach § 154a Abs. 3 StPO kann das Gericht in jedem Stand des Verfahrens die Beschränkung der Beurteilung wieder aufheben.

Treffen Straftat und Ordnungswidrigkeit zusammen, so kann die Einstellung auf die Straftat beschränkt und die Sache an die Verwaltungsbehörde, § 43 Abs. 1 OWiG, abgegeben werden.

VII. Verhängung/Verurteilung

Verurteilt wird in diesem Strafbefehlsverfahren nichts, sondern verhängt. Es gibt kein gesondertes Urteil. Im Strafbefehl wird eine Geldstrafe bis zu 360 Tagessätzen, bei Tatmehrheit (Täter begeht mehrere Strafgesetzverletzungen durch rechtlich selbstständige Handlungen) sogar bis zu 720 Tagessätzen verhängt. Möglich ist durch den Strafbefehl sogar die Verhängung einer Freiheitsstrafe von bis zu einem Jahr. Allerdings muss diese Freiheitsstrafe zur Bewährung ausgesetzt werden können, § 407 Abs. 2 StPO.

Es kann nach § 407 Abs. 2 Nr. 1 StPO verhängt werden:

1. Geldstrafe

Geldstrafe (§ 407 Abs. 2 Nr. 1 StPO) mit allen Möglichkeiten, inklusive Ersatzfreiheitsstrafe, Zahlungserleichterungen. Insoweit kann auf die obigen Ausführungen (Kap. 1 I. 1, IV.) verwiesen werden.

Befand sich der Täter wegen der Tat in Untersuchungshaft oder in einer anderen Freiheitsentziehungsform, so wird die bereits absolvierte Haftzeit gemäß § 51 Abs. 1 StGB angerechnet. Das passiert automatisch, so dass im Strafbefehl dazu nichts ausgeführt wird. Hält das Gericht die Anrechnung der Haft nicht für gerechtfertigt (§ 51 Abs. 1 S. 2 StGB), unterbleibt sie und der Täter muss die gesamte Zeit „absitzen". Dies wird insbesondere an dem Verhalten des Täters nach der Tat und während des gesamten Verfahrens gemessen.

> **BEISPIEL:** Böswillige Verschleppung des Verfahrens durch den Täter; LG Freiburg StV 1982, 338

Stellt die Staatsanwaltschaft den Antrag, die Anrechnung zu unterlassen, darf das Gericht davon nicht abweichen.

2. Verwarnung mit Strafvorbehalt

Die Verwarnung mit Strafvorbehalt ist bei Geldstrafenverhängung von bis zu 180 Tagessätzen möglich.

Bedingungen sind:

- die Erwartung, der Täter werde künftig auch ohne Verurteilung zur Strafe, keine Straftaten mehr begehen oder

- nach Gesamtwürdigung von Tat und Persönlichkeit des Täters liegen besondere Umstände vor, die eine Verhängung von Strafe entbehrlich machen und

- die Verteidigung der Rechtsordnung gebietet die Verurteilung nicht.

Da ein Querverweis im Gesetzestext auf § 56 Abs. 1 S. 2 StGB vorliegt, sind zu berücksichtigen: die Persönlichkeit des Täters, sein Vorleben, die Umstände der Tat, sein Verhalten nach der Tat, seine Lebensverhältnisse und die Wirkung, die eine Verwarnung unter Strafvorbehalt auf ihn hat oder haben könnte.

Die Verwarnung unterliegt einer Bewährungszeit, die nach § 59a StGB zwischen ein und zwei Jahren liegt. Zur Sicherstellung der Verwarnung kann das Gericht dem Täter zumutbare Anweisungen erteilen. Kommt es nicht zur Verurteilung der vorbehaltenen Strafe, so hat das Gericht nach Ablauf der Bewährungszeit festzustellen, dass es bei der Verwarnung sein Bewenden hat, § 59b StGB, also eine Ableistung der Geldstrafe nicht mehr verlangt wird.

> **BEISPIEL:** Rein uneigennützig motivierte Besorgung von Betäubungsmitteln zur straflosen Beihilfe zum Suizid, BGHSt 46, 279, (290 f.)
> **Urteilsspruch:**
> „Der Angeklagte ist des Besitzes von unerlaubten Betäubungsmitteln in nicht geringer Menge schuldig. Er wird deshalb verwarnt. Die Verurteilung zu einer Geldstrafe von 80 Tagessätzen zu je € 10,00 bleibt für den Fall vorbehalten, dass er sich nicht bewährt."

Neben Verwarnung unter Strafvorbehalt kann nach § 59 Abs. 3 S. 1 StGB lediglich Verfall, Unbrauchbarmachung, Einziehung verhängt werden.

Zu beachten ist nach § 59 Abs. 2 StGB, dass die Verwarnung unter Strafvorbehalt ausscheidet, wenn der Täter bereits in den letzten drei Jahren vor der Tat mit Strafvorbehalt verwarnt oder zu einer Strafe verurteilt wurde.

3. Fahrverbot

Die Regelung zum Fahrverbot befindet sich in § 44 StGB. Sie ist eine Nebenstrafe und man nennt sie eine „Denkzettelmaßnahme". Sie kann zwar neben Geldstrafe und Freiheitsstrafe, nicht jedoch neben Verwarnung unter Strafvorbehalt angeordnet werden, § 59 Abs. 3 S. 2 StGB.

Das Fahrverbot ist völlig eigenständig zu den Regelungen hinsichtlich des Führerscheinentzugs durch die Verwaltungsbehörden. Bereits im Strafbefehlsantrag hat die Staatsanwaltschaft die Dauer des Fahrverbots zu bezeichnen und das erkennende Gericht darf hiervon nicht abweichen. Ein Fahrverbot kommt in Betracht, wenn der Täter noch nicht als ungeeignet zum Führen von Fahrzeugen betrachten werden kann und die Warnwirkung des Fahrverbots ausreichend erscheint.

In Betracht kommt ein Fahrverbot für verschiedene **Regelbeispiele**.

Das sind Straftaten nach:

- § 315 c Abs. 1 Nr. 1 Buchst. a, Abs. 3 StGB: vorsätzliches oder fahrlässiges Führen des Fahrzeugs, obwohl man aufgrund des Genusses alkoholischer Getränke oder anderer berauschender Mittel nicht in der Lage ist, das Fahrzeug sicher zu führen und dabei fahrlässig Leib oder Leben anderer Menschen oder fremde Sachen von bedeutenden Wert gefährdet

- § 316 StGB (Trunkenheit im Verkehr): Relative Fahruntüchtigkeit liegt ab 0,3 Promille und zusätzlichen Ausfallerscheinungen vor. Absolute Fahruntüchtigkeit liegt ab 1,1 Promille vor.

Das Gericht verbietet dem Täter durch das Fahrverbot für die Dauer von ein bis drei Monaten im Straßenverkehr jedes oder zumindest ein bestimmtes Fahrzeug zu fahren. Für die Dauer des Verbots wird der Führerschein eingezogen und amtlich verwahrt. Nach Fristablauf bekommt man ihn ohne weiteres Zutun (insbesondere ohne Fahrschulmaßnahmen etc.) wieder.

Achtung!

Liegt ein solcher Fall vor, so wird die Verbotsfrist erst von dem Tag an gerechnet, an dem der Führerschein in Verwahrung genommen wurde, § 44 Abs. 3 S. 2 StGB.

Man kann folglich die Verbotsfrist etwas verschieben, wenn der Führerschein noch nicht eingezogen wurde. Insbesondere auf Zeiten, in denen der Führerschein nicht dringend benötigt wird, wie bei Urlaub im Ausland, Fahrbereitschaft Dritter etc. Dann sollte man die Aufforderung zur Verwahrung abwarten und die darin angegebene Frist zur Abgabe ausreizen bzw. durch Vorsprache bei der Behörde versuchen zu erweitern oder vorzuverlegen.

Sollte der Täter in der Zeit in einer Anstalt befindlich sein, so wird die Zeit nicht mitgerechnet, § 44 Abs. 3 S. 2 StGB.

Sollte bereits im Vorfeld die Fahrerlaubnis vorläufig durch die Polizei entzogen worden sein, ist nach den Grundsätzen der Anrechnung von Untersuchungshaft und anderen freiheitsentziehenden Maßnahmen nach § 51 Abs. 1 StGB zu verfahren. In der Regel wird die Zeit der vorläufigen Einziehung angerechnet, § 51 Abs. 5 StGB.

Das Fahrverbot ist nicht zu verwechseln mit der Entziehung der Fahrerlaubnis, denn dadurch erweist sich der Täter durch die Tat als ungeeignet zum Führen von Fahrzeugen im Straßenverkehr (beliebtes Beispiel: Trunkenheit im Verkehr nach § 316 StGB). Die Fahrerlaubnis erlischt nach § 69 Abs. 2 StGB mit Rechtskraft des Urteils, der Führerschein wird im Urteil eingezogen. Dazu wird auch eine Sperrfrist verhängt, in der die Verwaltungsbehörde angewiesen wird, vor Ablauf der Sperrfrist keine Neuerteilung vorzunehmen. Bei Entziehung der Fahrerlaubnis nach § 69 StGB muss der Täter die Fahrerlaubnis und den Führerschein neu erwerben. Fahrverbot und Entziehung der Fahrerlaubnis schließen sich aus.

Das Äquivalent befindet sich für die Ordnungswidrigkeiten in § 25 StVG (Straßenverkehrsgesetz). Hier ist das Fahrverbot als Maßnahme und Pflichtermahnung angedacht, wenn der Täter entweder wegen Führens eines Kraftfahrzeuges in alkoholisiertem Zustand nach § 24a StVG verantwortlich ist oder wenn gegen ihn nach § 24

StVG eine Geldbuße verhängt wurde und er die Ordnungswidrigkeit unter grober oder beharrlicher Verletzung der Pflichten eines Kraftfahrzeugführers (z. B. beharrliches Drängeln mit dem Auto) begangen hat.

4. Verfall, Einziehung, Vernichtung, Unbrauchbarmachung

Diese Maßnahmen werden nach den §§ 73 ff. StGB angeordnet, wenn der Täter durch die rechtswidrige Tat etwas unmittelbar erlangt hat (auch Nutzungen, vergleichbare andere Gegenstände im Sinne von Surrogaten, Wertersatz etc.) und der Verletzte/Geschädigte darauf keinen Anspruch hat.

5. Belehrungspflicht

Es besteht bei Verhängung von Freiheitsstrafe, Verwarnung unter Strafvorbehalt und Fahrverbot gemäß § 409 Abs. 1 S. 2 StPO eine Belehrungspflicht. Die Belehrungspflicht umfasst:

- die Bedeutungen der Freiheitsstrafe
- die Verwarnung unter Strafvorbehalt und das Fahrverbot
- die Dauer der Einzelmaßnahmen und
- gegebenenfalls der Bewährungszeit
- die möglicherweise verhängten Auflagen und Weisungen und
- die Möglichkeiten des Widerrufs der Bewährung und der Verurteilung zur vorbehaltenen Strafe.

Hinsichtlich des Fahrverbotes erfolgt die Belehrung auch über den Beginn der Verbotsfrist. Dazu händigt das Gericht dem Täter vorformulierte Merkblätter aus.

Im Text des Strafbefehls erfolgt die Belehrung zum Schluss.

VIII. Rechtskraft

Die Rechtskraft des Strafbefehls steht nach § 410 Abs. 3 StPO der des Urteils gleich. Sie verbraucht die Strafklage. Also kann wegen derselben Sache nicht zweimal rechtskräftig entschieden werden. Sollte wegen ein und demselben Sachverhalt Strafbefehl und Urteil ergehen, ist allein die älteste Entscheidung wirksam; die jüngere(n) Entscheidung(en) sind nichtig.

Die Rechtskraft ist nicht zu verwechseln mit der Rechtshängigkeit. Ein Strafbefehl wird mit Erlass rechtshängig. Das ist der Fall, weil gemäß § 433 Abs. 1 S. 2 StPO der Erlass des Strafbefehls der Eröffnung der Hauptverhandlung gleichgestellt wird. Jedoch hat dies im Strafbefehlsverfahren kaum Bedeutung. Rechtskräftig ist eine Entscheidung, wenn keinerlei Rechtsmittel mehr eingelegt werden können. Eine rechtskräftige Entscheidung ist eine endgültige Entscheidung.

IX. Auswirkungen der Rechtskraft

Mit Rechtskraft des Strafbefehls wird das verhängte Fahrverbot wirksam. Vollstreckungsbehörde ist die Staatsanwaltschaft nach § 451 StPO. Wird der Führerschein nicht innerhalb der Aufforderungsfrist freiwillig abgegeben, so ist er zu beschlagnahmen, § 463 b Abs. 1 StPO. Er wird von der Behörde geholt.

Bei Verfall, Einziehung, Vernichtung, Unbrauchbarmachung geht mit Rechtskraft des Strafbefehls das Eigentum des durch die Tat Erlangten auf den Staat über. Vor Rechtskraft wirkt die Anordnung einer der obigen Maßnahmen als Verbot der Veräußerung nach § 136 BGB, wobei auch veräußerungsähnliche Handlungen gemeint sind. Rechte Dritter an dem erlangten Gegenstand bleiben aber weiter bestehen. Eine Ausnahme besteht bei Einziehung nach § 74a StGB, wenn der Dritte leichtfertig dazu beigetragen hat, dass die Sache/das Recht Gegenstand der Tat wurde oder er selbst die Sache/

das Recht in verwerflicher Weise erwarb. Bei Unbrauchbarmachung sind Rechte Dritter nicht zu berücksichtigen, wenn nach § 74e Abs. 2 StGB der Gegenstand eine Gefahr für die Allgemeinheit darstellt (z. B. Sprengsätze) oder die Gefahr besteht, dass er für rechtswidrige Taten benutzt wird oder eine Entschädigung nicht zu zahlen ist, weil der Dritte leichtfertig dazu beigetragen hat, dass die Sache/das Recht Gegenstand der Tat wurde oder er selbst sie/es in verwerflicher Weise erwarb.

X. Führungszeugnis

1. Polizeiliches Führungszeugnis

Im Allgemeinen fürchten die meisten Personen den Eintrag ins Führungszeugnis oder Verkehrszentralregister. Sogar mehr als die Strafe bzw. Geldbuße selbst.

Mit der Benennung „Führungszeugnis" ist umgangssprachlich das polizeiliche Führungszeugnis gemeint. Darin werden nur Verurteilungen eingetragen:

- zu mehr als 90 Tagessätzen oder
- mehr als drei Monaten Freiheitsstrafe.

Voraussetzung ist, dass bisher noch keine anderen Verurteilungen eingetragen worden sind.

Für die Verurteilten günstig ist die Regelung, dass Taten bereits vor Tilgungsreife nach drei Jahren nicht mehr ins Führungszeugnis aufgenommen werden.

2. Führungszeugnisse für Behörden

Insbesondere bei Bewerbungen um Arbeitsplätze hinsichtlich der Zuverlässigkeit nach der Gewerbeordnung, § 149 Abs. 2 Nr. 1, ist dieses Führungszeugnis gefragt. Im Gegensatz zum polizeilichen Führungszeugnis werden darin alle strafrechtlichen Verurteilungen, die im Zusammenhang mit dem Gewerbe stehen, aufgenommen.

Finden sich darin Negativeintragungen, ist der Bewerber verpflichtet auf Nachfrage die Eintragung zu erklären. Positive Eintragungen i. S. v. Belobigungen gibt es nicht. Dann ist dieses Führungszeugnis „leer".

XI. Verkehrszentralregister/Bundeszentralregister

1. Verkehrszentralregister

Nach Änderung der Rechtslage ab dem 1. 1. 1999 findet man die gesetzliche Grundlage des Verkehrszentralregisters in den §§ 28 bis 30c StVG. Der festgelegte Registerzweck ist die Eignungsbeurteilung von Kraftfahrern und Beurteilung von Wiederholungstätern in Straf- und Ordnungswidrigkeitenverfahren.

Die Halterverantwortlichkeit nach § 28 Abs. 2 S. 4 StVG bedeutet, Unternehmer oder Disponenten mit eingetragenen Verstößen nach dem Fahrerpersonalgesetz werden nur im Gewerberegister eingetragen. Einen Eintrag ins Verkehrszentralregister gibt es nicht. Unternehmerverstöße werden nach § 4 Abs. 2 StVG nicht beim Punktesystem berücksichtigt, aber bei der Löschung von Voreintragungen.

Entscheidungen ausländischer Gerichte zu diesem Thema, insbesondere die Aberkennung der Fahrerlaubnis, werden ebenso eintragen. Sie spielen nur in einer späteren Eignungsprüfung eine Rolle.

Eingetragen werden:

- Bußgeldbescheide mit Geldbußen mit mindestens € 40,00 ohne Berücksichtigung von Nebenkosten
- Bußgeldbescheide mit Fahrverboten
- Entscheidungen der Gerichte mit Geldbußen unter € 40,00, wenn das Urteil ausdrücklich auf die geringe Geldbuße wegen der wirtschaftlichen Verhältnisse i. V. m. § 28 a StVG Bezug nimmt
- Verurteilungen in Verkehrsstrafsachen

- Verurteilungen im Zusammenhang mit im Straßenverkehr begangenen Straftaten

- Verwarnungen mit Strafvorbehalt

- die Beschlagnahme der Fahrerlaubnis nach § 94 StPO

- Entziehung oder Versagung der Fahrerlaubnis durch die Verwaltungsbehörde

- die Teilnahme an einem Aufbauseminar sowie die Art des Seminars

- die Teilnahme an einer verkehrspsychologischen Beratung

- Maßnahmen gegen Inhaber einer Probefahrerlaubnis.

Achtung!

Maßnahmen der Verwaltungsbehörden werden zehn Jahre lang nicht gelöscht. Unter besonderen Umständen können Maßnahmen 15 Jahre eingetragen bleiben, da die Frist spätestens nach fünf Jahren zur Löschung der Eintragung für die Tilgung zu laufen beginnt.

Inhaber von Probeführerscheinen haben ganz besonders ein Augenmerk auf die Punkteeintragungen zu richten, da zumindest ab dem zweiten Eintrag verwaltungsrechtliche Konsequenzen drohen.

Die §§ 28 bis 30b StVG verweisen auf § 52 Abs. 2 BZRG (Bundeszentralregistergesetz) und beschränken die Eintragungsfähigkeit und Tilgungszeit auf zehn, maximal 15 Jahre. Verkehrsstraftaten werden mit der Maßgabe, dass für Alkoholstraftaten oder andere Taten i. V. m. einem gerichtlichen Führerscheinentzug die Zehn-Jahresfrist gilt, bereits **nach fünf Jahren gelöscht.**

Fristbeginn ist der Tag des Erlasses des Ersturteils bzw. der Tag der Unterzeichnung eines rechtskräftigen Strafbefehls durch das Gericht.

Achtung!

Sonderregel für Führerscheinsperren nach § 69a Abs. 1 S. 3 StGB: Fristbeginn ist die Wiedererteilung der Fahrerlaubnis, spätestens aber fünf Jahre nach der Entscheidung.

Verstöße gegen Sozialvorschriften oder Arbeitszeitvorschriften (Lenkzeitüberschreitungen) werden nicht eingetragen.

Auskunft über seine Eintragungen im Register kann der beauftragte Rechtsanwalt, aber auch der Betroffene selbst jederzeit verlangen. Die Auskunft wird kostenlos erteilt. In jedem Fall müssen dabei angegeben werden:

- vollständige Personaldaten (Name, Vorname, Geburtsdatum, Anschrift, Geburtsort)
- Ablichtung des Personalausweises/Passes des Betroffenen
- beglaubigte Abschrift der Vollmacht/Originalvollmacht des Rechtsanwaltes, sofern beauftragt.

2. Bundeszentralregister

Ins Bundeszentralregister werden nach § 3 BZRG eingetragen:

- die strafrechtlichen Verurteilungen
- die verwaltungsbehördlichen Entscheidungen
- die Entscheidungen der Gerichte
- die gerichtlichen Anordnungen einer Führerscheinsperre nach § 69 StGB einschließlich des Tages des Ablaufs der Sperre.

> **Achtung!**
>
> Die Tilgung der Eintragungen erfolgt bei Verurteilungen zu nicht mehr als 90 Tagessätzen oder Freiheitsstrafen von unter drei Monaten nach fünf Jahren, wenn keine andere Strafe eingetragen ist, § 46 Abs. 1 Nr. 1a bzw. 1b BZRG.
> Anderenfalls, wenn eine Eintragung schon vorliegt, bei Freiheitsstrafen von höchstens einem Jahr und Aussetzung zur Bewährung, beträgt die Tilgungsfrist zehn Jahre.
> In allen anderen Fällen beträgt die Frist 15 Jahre, § 46 Abs. 1 Nr. 1a, 1b BZRG.

Es gibt nach den Löschungsregeln des Bundeszentralregisters eine sog. Überliegefrist. Damit wird gewährleistet, dass auch löschungshemmende Entscheidungen oder lange Behördenwege berücksichtigt werden, sodass eine Tilgung erst beim Vorliegen aller Informationen erfolgt. Gelöscht wird somit eine eingetragene Verurteilung ein Jahr nach Ablauf der Tilgungsfrist für die Straftat, wobei Ausgangspunkt die Rechtskraft ist. Die Auskunft über die Eintragung ist während des Laufs der Überliegefrist gesetzlich ausgeschlossen (§ 45 Abs. 2 S. 2 BZRG).

Tilgungsreife Eintragungen dürfen dem Verurteilten nirgends, auch nicht in Zivilverfahren, bei der Glaubwürdigkeitsbeurteilung vorgehalten oder verwertet werden, § 51 BZRG. Dafür ist der maßgebliche Zeitpunkt der letzte Tag der aktuellen Hauptverhandlung, BGH NStZ 1983, 30; OLG München SVR 2008, 111.

> ## Achtung!
>
> Ausnahme Fahrerlaubnis und Verwertungsverbot:
> Geht es um eine verwaltungsrechtliche oder strafrechtliche Fahreignungsbeurteilung, kann eine bereits tilgungsreife Entscheidung unter Anwendung des § 52 BZRG noch zehn bis 15 Jahre weiter verwertet werden.
> Damit gilt in Führerschein- und Alkoholsachen die Verwertung der Eintragungen des Verkehrszentralregisters auch, wenn nach dem BZRG bereits Tilgungsreife eingetreten ist.
> Eintragungen **vor** dem Zeitpunkt des 1. 1. 1999 haben nach § 65 Abs. 9 S. 1 StVG Löschungsfristen nach dem vor diesem Zeitpunkten geltenden Recht (andere Tilgungsregelungen) zur Folge.

Vorstrafen werden frühestens bei der Vernehmung zur Sache in der Hauptverhandlung eingeführt und zwar nach § 243 Abs. 4 S. 3 StPO nur, soweit sie für die Sache von Bedeutung sind. Ausreichend ist, dass der Beschuldigte auf Vorhalt die Verurteilungen einräumt.

XII. Typische Beispiele für Strafbefehle

1. Strafbefehl wegen Diebstahl, § 242 Abs. 1 StGB

Amtsgericht Oschatz
Aktenzeichen:
Amtsgericht Oschatz, Brüderstrasse 5, 04758 Oschatz
Aktenzeichen:
Rechtskräftig seit: …

AG Oschatz, ……………
Frau
Maxi Mustermann Unterschrift, Dienstbezeichnung
Musterstrasse 6
Urkundsbeamter / in der Geschäftsstelle
01234 Musterhausen
geboren am 1. 1. 1931 in Musterhausen, geborene Mustermann, Verkäuferin, verheiratet, deutsche Staatsangehörige,

Strafbefehl

die Staatsanwaltschaft legt Ihnen folgenden Sachverhalt zur Last:
Am 28. 2. 2010 gegen 17.00 Uhr forderten Sie auf dem Grundstück der Geschädigten Elfriede Musterhaus, Musterstrasse 5, 01234 Musterhausen, die Geschädigte auf, Ihnen für die Erbringung von Hauswirtschaftsleistungen € 500,00 zu bezahlen. Nachdem die Geschädigte sich weigerte, entrissen Sie ihr deren Geldbörse, entnahmen daraus € 500,00 und gaben die Geldbörse an die Geschädigte zurück. Ihnen war bewusst, dass Sie auf die € 500,00 keinen Anspruch hatten.
Sie werden daher beschuldigt,
fremde bewegliche Sachen einem anderen in der Absicht weggenommen zu haben, die Sachen sich oder einem Dritten rechtswidrig zuzueignen,
strafbar als,
Diebstahl
nach § 242 Abs. 1 StGB
Beweismittel:
Zeugen Frau Elfriede Mustermann
Bl. 22 d. A.

Urkunden
Bl. 44 d. A.
Bundeszentralregisterauszug
Gegen Sie wird eine Geldstrafe in Höhe von 15 Tagessätzen verhängt. Der Tagessatz wird auf € 100,00 festgesetzt. Die Geldstrafe beträgt somit € 1.500,00.
Sie haben auch die Kosten des Verfahrens und Ihre Auslagen zu tragen.
Dieser Strafbefehl wird rechtskräftig und vollstreckbar, soweit Sie nicht innerhalb von zwei Wochen nach der Zustellung bei dem vorstehend bezeichneten Amtsgericht oder zu Protokoll der Geschäftsstelle Einspruch erheben.
Die schriftliche Erklärung muss in deutscher Sprache erfolgen.
Datum:
Oschatz, den 1. 10. 2010
gez.
Richter des Amtsgerichts

2. Strafbefehl wegen fahrlässiger Körperverletzung, § 230 StGB

Amtsgericht Oschatz
Aktenzeichen:
Amtsgericht Oschatz, Brüderstrasse 5, 04758 Oschatz
Aktenzeichen:
Rechtskräftig seit: …

AG Oschatz, ……………
Frau
Maxi Mustermann
Unterschrift, Dienstbezeichnung
Musterstrasse 6
Urkundsbeamter / in der Geschäftsstelle
01234 Musterhausen
geboren am 1. 1. 1931 in Musterhausen, geborene Mustermann, Verkäuferin, verheiratet, deutsche Staatsangehörige,

Strafbefehl

die Staatsanwaltschaft legt Ihnen folgenden Sachverhalt zur Last:

Sie fuhren am 1. 1. 2010 gegen 06.00 Uhr mit dem PKW, Typ Fiat, amtliches Kennzeichen TDO-0123, auf der S 35 aus Richtung Musterhausen kommend Richtung Musterland.

Wegen der den Witterungsverhältnissen nicht angepassten Geschwindigkeit kamen Sie von der Fahrbahn ab und überschlugen sich mit dem Fahrzeug.

Dies hatte für Sie vorhersehbar und vermeidbar zur Folge, dass Ihr Beifahrer Max Mustermann einen angebrochenen Lendenwirbel, Prellungen und Schnittwunden erlitt.

Die Staatsanwaltschaft hält wegen des besonderen öffentlichen Interesses an der Strafverfolgung ein Einschreiten von Amts wegen für geboten.

Sie werden daher beschuldigt,

durch Fahrlässigkeit die Körperverletzung einer anderen Person verursacht zu haben,

strafbar als,

fahrlässige Körperverletzung

nach §§ 223 Abs. 1, 229, 230 Abs. 1 StGB

Beweismittel:

Zeugnis Herr Max Mustermann

Bl. 22 d. A.

POM Muster

Bl. 1 d. A.

Bundeszentralregisterauszug

Lichtbilder

Unfallskizze

Gegen Sie wird eine Geldstrafe in Höhe von 25 Tagessätzen verhängt. Der Tagessatz wird auf € 40,00 festgesetzt. Die Geldstrafe beträgt somit € 1.000,00.

Ihr Einkommen wurde gemäß § 40 Abs. 3 StGB geschätzt.

Sie haben auch die Kosten des Verfahrens und Ihre Auslagen zu tragen.

Dieser Strafbefehl wird rechtskräftig und vollstreckbar, soweit Sie nicht innerhalb von zwei Wochen nach der Zustellung bei dem vorstehend bezeichneten Amtsgericht oder zu Protokoll der Geschäftsstelle Einspruch erheben.

Die schriftliche Erklärung muss in deutscher Sprache erfolgen.

Datum:

Oschatz, den 1. 10. 2010

gez.

Richter des Amtsgerichts

3. Strafbefehl wegen unerlaubtem Entfernen vom Unfallort, § 142 Abs. 1 Nr. 1, Abs. 5 StGB

Amtsgericht Oschatz
Aktenzeichen:
Amtsgericht Oschatz, Brüderstrasse 5, 04758 Oschatz
Aktenzeichen:
Rechtskräftig seit: …

AG Oschatz, ……………
Frau
Maxi Mustermann
Unterschrift, Dienstbezeichnung
Musterstrasse 6
Urkundsbeamter / in der
Geschäftsstelle
01234 Musterhausen
geboren am 1. 1. 1931 in Musterhausen, geborene Mustermann, Verkäuferin, verheiratet, deutsche Staatsangehörige,

Strafbefehl
die Staatsanwaltschaft legt Ihnen folgenden Sachverhalt zur Last:
Am 19. 2. 2010 gegen 17.00 Uhr, fuhren Sie mit dem Kraftfahrzeug VW Passat Variant, amtliches Kennzeichen TDO-XY, auf der BAB 4, km 21, AS Chemnitz-Ost und verursachten eine Verkehrsunfall und entfernten sich anschließend von der Unfallstelle, obwohl Sie den Eintritt eines Schadens bemerkt hatten und wussten, dass Ihr Verhalten zur Verursachung des Unfalls beigetragen haben konnte. Dadurch haben Sie den Geschädigten die Möglichkeit genommen, Feststellungen über den Unfallhergang zu treffen. Durch den Unfall entstand an dem Fahrzeug mit dem amtlichen Kennzeichen FG-ZI 1 ein Fremdschaden in Höhe von € 3.545,61 und an dem Fahrzeug mit dem Kennzeichen DL-XY ein Fremdschaden in Höhe von € 4.555,11.
Sie werden daher beschuldigt,
sich als Unfallbeteiligter nach einem Unfall im Straßenverkehr vom Unfallort entfernt zu haben, bevor Sie zugunsten der anderen Unfallbeteiligten und der Geschädigten die Feststellung Ihrer Person, Ihres Fahrzeugs und der Art Ihrer Beteiligung durch Ihre Anwesenheit und durch die Angabe, dass Sie am Unfall beteiligt waren, ermöglicht hatten.
strafbar als,

unerlaubtes Entfernen vom Unfallort
nach §§ 142 Abs. 1 Nr. 1, Abs. 5, 40, 42, 43, 69, 69a StGB
Beweismittel:
Ihre Einlassungen
Zeugnis Frau Elfriede Mustermann
Bl. 22 d. A.
Reparaturkostenvoranschläge
Bundeszentralregisterauszug
Gegen Sie wird eine Geldstrafe in Höhe von 30 Tagessätzen verhängt. Der Tagessatz wird auf € 30,00 festgesetzt. Die Geldstrafe beträgt somit € 900,00.
Ihnen wird die Fahrerlaubnis entzogen, Ihr Führerschein wird eingezogen. Die Verwaltungsbehörde wird angewiesen, Ihnen vor dem 28. 4. 2013 keine neue Fahrerlaubnis zu erteilen.
An die Stelle einer uneinbringlichen Geldstrafe tritt ein Tag Freiheitsstrafe; ein Tagessatz entspricht einem Tag Freiheitsstrafe.
Es wird Ihnen gestattet, die Geldstrafe in monatlichen Raten zu bezahlen, beginnend am 15. des auf die Rechtskraft des Strafbefehls folgenden Monats. Die monatliche Ratenzahlung beträgt € 50,00. Die Ratenzahlung entfällt, wenn Sie einen Teilbetrag um mehr als eine Woche verspätet zahlen.
Sie haben auch die Kosten des Verfahrens und Ihre Auslagen zu tragen.
Dieser Strafbefehl wird rechtskräftig und vollstreckbar, soweit Sie nicht innerhalb von zwei Wochen nach der Zustellung bei dem vorstehend bezeichneten Amtsgericht oder zu Protokoll der Geschäftsstelle Einspruch erheben.
Die schriftliche Erklärung muss in deutscher Sprache erfolgen.
Datum:
Oschatz, den 14. 5. 2010
gez.
Richter des Amtsgerichts

XIII. Sachverhalte für Strafbefehle

Typische Straftaten, die mit einem Strafbefehl geahndet werden, sind:

- einfach gelagerte Fälle des Diebstahls
- Unterschlagungen
- Sachbeschädigungen
- Fahrten in Bus und Bahn ohne Ticket
- Trunkenheitsfahrten ohne besondere Gefährdung
- Betrunkenes Fahrradfahren
- Einfache Körperverletzungen
- Einfache Urkundenfälschungen (z. B. Berufsschulschülerin stellt sich selbst die Zeugnisse aus).

Checkliste Strafbefehl

☐ **Ich bin als Beschuldigter oder Zeuge vorgeladen, muss ich zur Aussage gehen?**
Nein, wenn die Polizei schreibt.
Ja, wenn der Staatsanwalt oder das Gericht das Erscheinen verlangen. Der Staatsanwalt/das Gericht können sonst bei Nichterscheinen Ordnungsgeld, polizeiliche Vorführung oder Sitzungshaftbefehl gegen den Nichterscheinenden erlassen.

☐ **Wenn ich aussage, muss es als Beschuldigter oder Zeuge die Wahrheit sein?**
Der Beschuldigte hat keine Wahrheitspflicht. Er macht sich beim Lügen nicht strafbar. Etwas anderes gilt, wenn er wissentlich falsch andere belastet (falsche Verdächtigung, Verleumdung).
Der Zeuge ist zur Wahrheit verpflichtet, egal ob mit oder ohne Eid. Sagt er wahrheitswidrig aus, macht er sich einer falschen uneidlichen Aussage strafbar, die mit Freiheitsstrafe von nicht unter einem Jahr bestraft wird. Bei Vereidigung ist die Strafe noch höher. Es gibt Aussage- und Zeugnisverweigerungsrechte, die abzu-

prüfen sind. Man muss sich überdies nie selbst belasten und kann dann für den belastenden Teil die Aussage verweigern.

☐ **Muss ich den Strafbefehl von der Post annehmen oder kann ich ihn mit „Annahme verweigert" zurücksenden?**
Das nützt nichts, da in der Regel mit Postzustellungsurkunde zugestellt wird. Der Postmitarbeiter bestätigt auf der Urkunde die ordnungsgemäße Zustellung. Wenn man dann „Annahme verweigert" zurücksendet, spielt das keine Rolle.

☐ **Ich habe einen Strafbefehl erhalten, muss ich den hinnehmen?**
Nein. Es gibt die Möglichkeit des Einspruchs. Der Betroffene hat innerhalb von zwei Wochen nach Zustellung bei dem Gericht, welches den Strafbefehl erlassen hat, den Einspruch einzulegen. Dann verhandelt das Gericht über den Sachverhalt.

☐ **Ich habe einen Strafbefehl erhalten, aber der beschriebene Vorfall stimmt nicht.**
Es ist ein Einspruch einzulegen und der Sachverhalt ist richtig zu stellen (am besten gleich mit Beweisangeboten). Die Zwei-Wochen-Frist ab Zustellung ist einzuhalten.

☐ **Ich habe einen Strafbefehl erhalten, der beschriebene Vorfall stimmt, aber die Geldstrafe ist zu hoch.**
Rechnung: 1 Tagessatz mal 30 sind das vom Gericht vorgestellte Nettoerwerbseinkommen. Stimmt das nicht, so muss mit Belegen (Lohnzettel, Leistungsbescheide Arbeitslosengeld I und II etc.) das tatsächliche Einkommen nachgewiesen werden. Es ist dann Einspruch beschränkt auf die Rechtsfolgen einzulegen.

☐ **Ich habe einen Strafbefehl erhalten, Vorfall und Geldstrafe sind richtig. Ich kann mir die Geldstrafe aber nicht leisten.**
Es ist ein Antrag beim Gericht oder – liegt bereits eine Zahlungsaufforderung vor – bei der Staatsanwaltschaft auf Ratenzahlung oder Zahlungsaufschub zu stellen.

☐ **Ich habe einen Strafbefehl erhalten, Vorfall und Geldstrafe sind richtig. Ich kann mir die Geldstrafe aber weder in Raten noch später leisten.**
Es ist Antrag bei Gericht oder – liegt bereits eine Zahlungsaufforderung vor – bei der Staatsanwaltschaft auf Umwandlung in gemeinnützige Arbeit (siehe Kap. 6) zu stellen. Belege (Lohnzettel,

Leistungsbescheide, Rentenbescheide Arbeitslosengeld I und II, Unterhaltsverpflichtungen etc.) zum tatsächlichen Einkommen sind beizulegen.

☐ **Ich habe einen Strafbefehl erhalten. Kann ein Dritter für mich zahlen?**
Ja, er handelt straffrei.

2. Kapitel

Bußgeldbescheid, Ordnungswidrigkeitenverfahren

I. Begriffsbestimmung

1. Bußgeld, Geldbuße

Bußgeld oder auch Geldbuße ist eine Sanktion für geringe Rechtsverstöße und bewirkt eine Zahlungsverpflichtung. Beurteilt wird dadurch ein rechtswidriges vorwerfbares Verhalten. Klassisches Beispiel sind die **Geldbußen nach dem Bußgeldkatalog oder dem Fahrpersonalgesetz.** Ein Verkehrsverstoß ist daher in aller Regel keine Straftat, sondern eine Ordnungswidrigkeit. Verfolgt wird diese daher auch nicht von der Staatsanwaltschaft, sondern von der jeweils zuständigen Verwaltungsbehörde. Das Bußgeldverfahren ähnelt in seinen Abläufen jedoch stark dem Strafverfahren, siehe die nachfolgende Abbildung zum Bußgeldverfahren. Im Folgenden werden die Einzelheiten und auch die Unterschiede zum Strafverfahren ausführlich dargestellt.

2. Bußgeldbescheid

Der Bußgeldbescheid ist ein Verwaltungsakt mit dem eine Behörde einseitig rechtsverbindlich einen Tatvorwurf bezüglich eines rechtswidrigen vorwerfbaren Handelns im Sinne des Tatvorwurfs äußert. Er ist gerichtet an einen namentlich bestimmten Betroffenen und wird verbunden mit der Festlegung der konkreten Geldbuße und Kostenentscheidung.

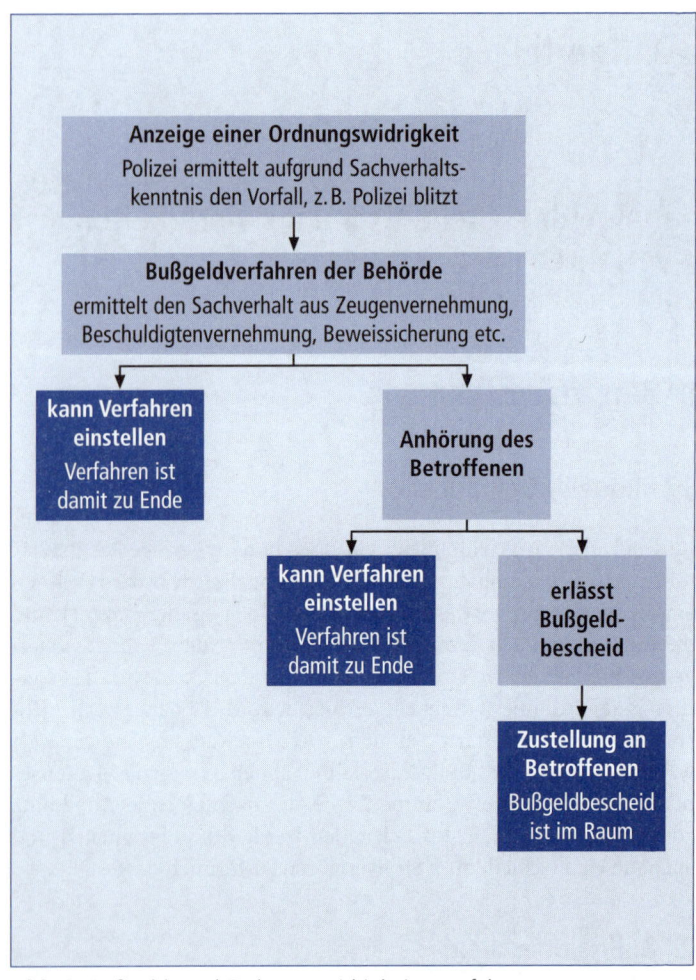

Abb. 2: Bußgeld- und Ordnungswidrigkeitenverfahren

Nach § 66 OWiG gehören zum wesentlichen, notwendigen Inhalt des Bußgeldbescheides:

- die genaue Bezeichnung des Betroffenen mit Name und
- Anschrift sowie
- die Bezeichnung des Tatvorwurfs in tatsächlicher und rechtlicher Hinsicht.

> **BEISPIEL:** Gebot beim Rückwärtsfahren besondere Vorsicht walten zu lassen §§ 9 Abs. 5, 1 Abs. 2, 49 StVO (Straßenverkehrsordnung) i. V. m. § 24 StVG, § 44 BKat (Bußgeldkatalog), § 3 Abs. 3 BKatV (Bußgeldkatalog-Verordnung), § 19 OWiG

Die Tat muss unzweifelhaft eingrenzbar sein. Das bezieht sich sowohl auf die Tatzeit als auch auf den Ort der Begehung; Beck'sches Formularbuch für Strafverteidiger, Hamm, 2. Checkliste, 5. Auflage 2010. Wird das durch den Bescheid nicht gewährleistet, besteht ein zwingendes Verfahrenshindernis. Dann erfolgt die Einstellung des Verfahrens; BGHSt 23, 336.

Unglaublich schwierig ist die Beurteilung, ob Mängel in der Tatbezeichnung die Unwirksamkeit des Bescheides hervorrufen. Das kann nur im Einzelfall beurteilt werden. Verschiedenen Gerichten, wie dem BayObLG, reicht es, wenn die Tateingrenzung mit dem gesamten Akteninhalt gelingt. Dies hat richtigerweise der BGH nicht zugelassen, BGHSt 23, 336.

> **BEISPIELE für unzureichende Eingrenzung:**
> - Tatvorwurf des Rotlichtverstoßes ohne genaue Zeit und Ortsangabe (i. d. R. nichtig, wenn sich auf der Straße mehrere Ampelanlagen befinden)
> - Untersagung der Gewerbeausübung, obwohl der Tatvorwurf weder Ort noch Zeit noch die Handlung an sich genau bezeichnet
> - Tatvorwurf der Geschwindigkeitsüberschreitung unter Berufung auf das Schaublatt (LKW-Fahrer), ohne das bei mehreren möglichen Taten eine genaue Bezeichnung der Tat erfolgte

BEISPIELE für unzureichende Bestimmtheit und Unvollständigkeit des Bescheides:
- die durch die Behörde angeordnete Rechtsfolge ist ungenau
- die Einspruchsbelehrung mit Angabe der Frist, des Fristbeginns und der für den Empfang des Einspruchs zuständigen Behörde fehlt
- die Kostenentscheidung fehlt

3. Ordnungswidrigkeit

§ 1 Abs. 1 OWiG enthält die Legaldefinition:

Eine Ordnungswidrigkeit ist eine rechtswidrige und vorwerfbare Handlung, die den Tatbestand eines Gesetzes verwirklicht, das die Ahndung mit einer Geldbuße zulässt.

In Abs. 2 wird auch die „mit Geldbuße bedrohte Handlung" definiert: Danach muss die Handlung zwar rechtswidrig sein, aber nicht – wie die Ordnungswidrigkeit – vorwerfbar.

Im OWiG sind Rahmenvorschriften enthalten, die durch bundes- und landesrechtliche Regelungen ausgefüllt werden.

II. Zuständigkeit

Die sachliche und örtliche Zuständigkeit hängt davon ab, welcher Tatbestand vorgeworfen wird und wer unter anderem jeweils auch nach landesrechtlicher Einzelregelung zuständig ist (Landkreis, Gemeindekreis etc.). Eine pauschalierte Aussage dazu ist nicht möglich. Jedenfalls ist meist in der Behördenhierarchie die untere Verwaltungsbehörde zuständig. Selbst wenn die sachlich unzuständige Behörde den Bescheid erlassen hat, führt das nur zur Nichtigkeit des Bescheides, wenn es sich hierbei nachweislich um einen offenkundigen, schwerwiegenden Mangel handelt.

III. Form

Formmängel führen außer bei Zustellungsmängeln in der Regel weder zur Unwirksamkeit noch zur Nichtigkeit des Bescheides. Es gibt das EDV-Verfahren und das hand- bzw. maschinenschriftliche Verfahren. Beide sind möglich, soweit der bearbeitende Sachbearbeiter erkennbar ist. Sowohl beim maschinenschriftlichen als auch beim handschriftlichen Verfahren werden die Bescheide vom Sachbearbeiter unterzeichnet.

IV. Feststellung der Ordnungswidrigkeit

Die Feststellung obliegt dem Sachbearbeiter, der den Sachverhalt auf Verwirklichung einer Ordnungswidrigkeit überprüft.

V. Höhe und Berechnung des Bußgeldes

Die einzelnen Vorschriften im Bußgeldkatalog legen bestimmte Beträge fest. Gleichwohl gibt es Vorschriften, die dem Sachbearbeiter für jeweilige Einzelfälle einen daran auszurichtenden Entscheidungsspielraum geben, da z. B. der Bußgeldkatalog nur Regelsätze bestimmt. Abweichungen nach unten oder oben sind somit möglich; § 3 BKatV.

VI. Verfahrensablauf/Zustellung

Die Zustellung wird, anders als im Strafverfahren, dem Verwaltungsrecht zugeordnet, so dass die entscheidenden Zustellnormen grundsätzlich die des Verwaltungszustellungsgesetzes sind, § 51 Abs. 1 OWiG.

Da die meisten Querverweise über den § 51 Abs. 1 OWiG i. V. m. § 3 VwZG in die ZPO führen und dies beim Strafbefehlsverfahren ebenso ist, werden hier nur die Unterschiede zum Strafbefehlsverfahren dargestellt. Ansonsten wird auf die dort getätigten Ausführungen verwiesen.

Nach den §§ 3 bis 6 VwZG steht die Zustellung zur freien Auswahl (Ermessen) der Verwaltungsbehörde:

- an Rechtsanwälte
- durch die Post bzw. durch Zustellurkunde
- durch eingeschriebenen Brief.

An die beauftragten Rechtsanwälte wird in der Regel vereinfacht mittels Empfangsbekenntnis zugestellt, § 174 ZPO i. V. m. § 46 OWiG. Zugestellt gilt das Schriftstück durch Unterzeichnung des bearbeitenden Rechtsanwaltes, wenn dieser persönlich (nicht etwa das Büropersonal) Kenntnis erhält.

Stattdessen kann auch dem Mandanten zugestellt werden.

§ 3 VwZG zwingt die Bußgeldbehörde zur Angabe der Anschrift des Empfängers mit der Bezeichnung der absendenden Dienststelle und Geschäftsnummer und einem Vordruck für die Zustellung. Die Geschäftsnummer der Behörde muss ohne Öffnen des Briefes von außen sichtbar sein.

§ 4 Abs. 1 VwZG unterstellt, dass die Zustellung mit dem dritten Tag nach Aufgabe zur Post als zugestellt gilt. Das ist eine Fiktion.

> **BEISPIEL:** Aufgabe zur Post 1. 3. 2010, Zustellung nach § 4 Abs. 1 VwZG 4. 3. 2010

Die Fiktion gilt sogar dann, wenn der dritte Tag Samstag, Sonntag oder Feiertag ist.

Achtung!

Ein Einwurfeinschreiben ist keine zulässige Zustellform nach dem Verwaltungszustellgesetz.
Privater Zustelldienst:
Soweit die Regulierungsbehörde für Telekommunikation einen privaten Zustelldienst mit der Durchführung der Zustellung beauftragt hat, ist die Zustellung des Bußgeldbescheides wirksam.

Nebenbeteiligte sind Personen, die im eigenen Interesse zur Abwehr eigener Rechtsnachteile am Verfahren teilnehmen und dies dürfen. Dazu gehören u. a. der Verletzte oder die Verwaltungsbehörde. Am gerichtlichen Verfahren wird die Verwaltungsbehörde beteiligt (§ 76 OWiG), wenn die besondere Sachkunde der Behörde nicht ausnahmsweise entbehrt werden kann (§§ 42, 63 OWiG). Sobald die Staatsanwaltschaft das Verfahren übernommen hat, ist die Verwaltungsbehörde deren Helferin. Sie hat aber auch Informationsrechte.

Zustellmängel können grundsätzlich rückwirkend durch die sog. Heilung behoben werden. Dann spielen die Zustellfehler keine Rolle und eine fehlerhafte Zustellung führt nicht zur Aufhebung des Bescheides. In Bußgeldverfahren jedoch ist eine Heilung von Zustellmängeln nach dem VwZG und entsprechenden Ländervorschriften ausgeschlossen. Denn § 51 Abs. 5 S. 3 OWiG verweist auf die Unmöglichkeit der Anwendung des § 9 VwZG und entsprechenden Landesvorschriften, wenn mit der Zustellung die Rechtsmittelfrist in Gang gesetzt wird. Genau das ist aber bei Bußgeldbescheiden der Fall.

Achtung!

Im Fall der Versäumung der Einspruchsfrist muss auch im Ordnungswidrigkeitenverfahren zuerst für einen möglichen Wiedereinsetzungsantrag die Wirksamkeit der Zustellung geprüft werden.
Nur eine wirksame Zustellung hat verjährungsunterbrechende Wirkung. Eine unwirksame Zustellung verlängert folglich nicht die Verjährungsfrist; BGH DAR 2000, 74 – § 26 Abs. 3 StVG i. V. m. § 33 Abs. 1 S. 1 Nr. 9 OWiG. Wurde der Bescheid nicht richtig zugestellt, läuft die Verjährung folglich nach drei Monaten ab. Verjährte Ordnungswidrigkeiten können dann nicht mehr verfolgt werden. Ein Einspruch gegen einen dennoch ergangenen Bußgeldbescheid hätte Erfolg.

VII. Einstellung des Verfahrens/Verjährung

Die Verjährung in Bußgeldverfahren ist eine sog. Verfolgungsverjährung. Das heißt, ist Verjährung eingetreten, so besteht ein formelles Verfahrenshindernis. Das Gericht muss sodann ein noch offenes, anhängiges Verfahren einstellen, § 46 OWiG i. V m. § 260 Abs. 3 StPO. Es ergeht zwar kein Freispruch, die Wirkung – die Beendigung des Verfahrens – ist jedoch die gleiche.

Es gibt zudem die selten auftretende Vollstreckungsverjährung. Dann gibt es kein Verfahrenshindernis. Es kann aber aus dem bestehenden Bußgeldbescheid keine Forderungsbeitreibung (Einziehung der Geldbuße) erfolgen.

Die Verfolgungsverjährung ist von Amts wegen in jedem (behördlichen und gerichtlichen) Verfahrensstadium zu beachten. Wird das Gericht durch den Betroffenen erst in der Rechtsbeschwerdeinstanz darauf hingewiesen, muss sie dies beachten und das Verfahren einstellen.

Verjährungsfristen sind, je nach Art der Ordnungswidrigkeit und Höhe der Bußgeldandrohung, abgestuft geregelt.

- Bei Verjährung von **nichtverkehrsrechtlichen** Ordnungswidrigkeiten (z. B. Verstoß gegen Ladenöffnungszeiten) beträgt die Verjährungsfrist sechs Monate gemäß § 31 Abs. 2 Nr. 4 OWiG bei einer Bußgeldandrohung von bis zu € 1.000,00.

- Bei **Verkehrsordnungswidrigkeiten** gestaltet sich die Darstellung anders. Bis zum Erlass des Bußgeldbescheides beträgt die Frist drei Monate, § 26 Abs. 3 StVG.

- Eine Sonderregelung befindet sich für Alkohol- und Drogenfahrten in § 24a StVG i. V. m. § 36 StVG. Es gilt eine Verjährungsfrist von sechs Monaten.

- Nach Erlass erhöht sich die Verjährungsfrist auf sechs Monate, § 26 Abs. 3 StVG. Wie bereits ausführlich erörtert, muss hierfür wirksam zugestellt worden sein. Erst dann beginnt sich nach Auslegung des Gesetzeswortlautes die Verjährungsfrist auf sechs Monate zu erhöhen.

Das **Ruhen der Verjährung** in den gesetzlich bestimmten Fällen hat zur Folge, dass die bereits verstrichene Zeit weiter berücksichtigt wird, die Verjährung aber nicht weiter läuft (vergleichbar einem „Pause-Knopf").

Nach §§ 72, 32 Abs. 2 OWiG tritt die Verfolgungsverjährung erst mit dem rechtskräftigen Verfahrensabschluss ein. D. h., für die Verfolgungsverjährung gilt, dass das Ersturteil oder der Beschluss solange nicht in der Verfolgung gehindert sind, bis der Tag der Rechtskraft (eventuell verzögert und verlängert durch Einspruch) des Ersturteils bzw. des Beschlusses eingetreten ist. Die Verjährung wird durch den Einspruch gehemmt. Auf diese Weise soll zeitintensiven oder offensichtlich erfolglosen Rechtsmitteln der Reiz genommen werden. Eine beendete Verfolgungsverjährung setzt nur wieder neu ein, wenn z. B. die Wiederaufnahme des Verfahrens nach Ende der Verfolgungsverjährung durch das Gericht beschlossen wird.

Im Gegensatz zum Ruhen der Verjährung verursacht die **Verjährungsunterbrechung** den Neubeginn der Verjährung durch bestimmte, in § 33 Abs. 3 OWiG aufgezählte Handlungen. Der erste Tag der Unterbrechung ist auch der erste Tag für den Neubeginn.

Achtung!

Die Unterbrechung der Verjährung gilt nur für denjenigen, auf den sich die Unterbrechung als namentlich bekannte Person bezieht (Fahrer oder Halter), § 33 Abs. 4 S. 1 OWiG.
Das gilt selbst dann, wenn die Staatsanwaltschaft das Strafverfahren gegen eine namentlich bekannte Person einstellt und zur Bewertung im Ordnungswidrigkeitenverfahren mit Abgabeverfügung abgibt.

Insbesondere bei Verkehrssachen, wie z. B. Körperverletzungen durch Verkehrsunfälle gilt:

War dem Ordnungswidrigkeitenverfahren das staatsanwaltliche Ermittlungsstrafverfahren vorgeschaltet, unterbrach auch dieses die Verjährung **des Bußgeldverfahrens, § 33 Abs. 4 S. 2 OWiG.**

Einzelne Tatbestände sind in § 33 Abs. 1 Nr. 1 OWiG geregelt.

Verjährungsunterbrechung erfolgt durch:

- die erste Vernehmung durch den Betroffenen

- die Anordnung der ersten Vernehmung des Betroffenen

- die Bekanntgabe der ersten Vernehmung des Betroffenen

- die Bekanntgabe gegenüber dem Betroffenen, dass gegen ihn staatsanwaltschaftlich ermittelt wird.

Diese vier Varianten gelten nicht kumulativ, sondern alternativ. Soweit eine dieser Maßnahmen erstmals Unterbrechung hervorruft, kann eine weitere Maßnahme aus diesen vier Varianten nicht erneut eine Verjährungsunterbrechung bewirken; OLG Hamm MDR 1979, 1046; BayObLG, Urteil vom 24. 5. 2004, Az 1 ObOWI 219/04.

Bereits die erste Vernehmung am Ort des Geschehens gegenüber dem Betroffenen mit dem meist unverständlich formulierten Hinweis des Beamten auf die bevorstehende Anhörung oder die Äußerung der Beamten, man habe den Betroffenen am Ort des Geschehens vor der Befragung belehrt, unterbricht die Verjährung als Bekanntgabe des staatsanwaltlichen Ermittlungsverfahrens. Später vorgenommene förmliche Vernehmungen oder die Versendung des Anhörungsbogens führen keinesfalls zu einer erneuten Verjährungsunterbrechung.

Damit Unterbrechung eintritt, muss sie lediglich aktenkundig gemacht sein. Es ist keine Kenntnis des Betroffenen nötig. Sie hat Ausnahmecharakter (die Unterbrechungsgründe sind in § 33 Abs. 1 OWiG abschließend aufgezählt) und richtet sich an die Verfolgungsorgane; Göhler, OWiG-Kommentar, 15. Auflage, § 33 Rn. 6.

Nur ein **Anhörungsbogen** an den Betroffenen, der eine eindeutige Beschuldigung enthält, hat verjährungsunterbrechende Wirkung. Damit sind Anhörungsbögen mit der Überschrift „Anhörungsbogen/ Zeugenfragebogen" nicht eindeutig und damit nicht verjährungsunterbrechend. Das gleiche gilt, wenn der Bogen mit „Anhörung" oder „Anhörungsbogen" überschrieben ist, dann im Text aber offen bleibt, ob der Betroffene als Beschuldigter oder als Zeuge aussagen soll. Es muss sich aus dem Bogen eindeutig der gegen den Betroffenen erhobene Vorwurf ergeben, z. B. ob er in einem Fall des zu schnellen

Fahrens als Fahrer (Beschuldigter) oder Halter (Zeuge) des Fahrzeugs befragt wird/werden soll. Dem Adressaten muss klar sein, in welcher Funktion er aussagen soll; OLG Dresden DAR 2004, 535.

Bereits die Versendung des Anhörungsbogens unterbricht die Verjährung, auf den Zugang beim Betroffenen kommt es nicht an. Es muss lediglich wirksam die Zusendung von der Behörde angeordnet worden sein. Damit ist auch irrelevant, ob die Deutsche Post AG oder ein anderes Unternehmen die Zustellung erledigt, ob die Post als unzustellbar zurückkommt oder ob überhaupt die Anhörung zustande gekommen ist.

> **BEISPIEL:** Verjährungsunterbrechung tritt auch ein, wenn der Betroffene mit dem Tag des Versendens des Anhörungsbogens bereits schon längst nicht mehr an der adressierten Adresse wohnt. Solange die Identität des Betroffenen noch ermittelbar ist, ist es auch unerheblich, wenn der Name des Betroffenen falsch geschrieben wurde.

Achtung!

Das Angebot der Behörde der Verfahrensbeendigung durch ein Verwarngeld herbeizuführen, unterbricht die Verjährung auch dann nicht, wenn sie schriftlich erfolgte.
Ausnahme: Wurde gleichzeitig mit dem Angebot des Verwarngelds die Aufforderung verbunden, bei Nichtannahme zum Vorwurf Stellung zu nehmen stellt dies eine Anhörung dar und unterbricht die Verjährung; BGHSt 25, 344; BGH NJW 1997, 598; OLG Brandenburg SVR 2007, 476. Also hat die Behörde dadurch Zeit gewonnen.

Der Anhörungsbogen wird entweder vorprogrammiert maschinell erstellt oder mittels Verfügung vom Sachbearbeiter mit Unterschrift oder Handzeichen gegengezeichnet. Bei EDV-Verfahren (die nicht manipulierbar sind) bedarf es einer Sachbearbeiterverfügung nicht mehr.

- Hat der Betroffene einen unbekannten Aufenthalt, so erfolgt vorläufige Einstellung zur Aufenthaltsermittlung. Sie unterbricht gemäß § 33 Abs. 1 Nr. 5 OWiG die Verjährung.

■ Auch die Vernehmung des Betroffenen unterbricht die Verjährung. Es ist egal, ob der Betroffene von der Polizei hierzu schriftlich oder mündlich vorgeladen wurde. Sogar dann, wenn die Vorladung mittels Ersatzzustellung (siehe Kap. 1 V. 3) an eine sich in der Wohnung des Betroffenen üblicherweise aufhaltende, unbeteiligte dritte Person erfolgt ist.

Achtung!

Ist der Betroffene namentlich nicht bekannt, so hat weder die Aktenübersendung zur Ermittlung und Vernehmung des Verantwortlichen (dessen Name nicht bekannt ist), noch die Vernehmung des Halters verjährungsunterbrechende Wirkung, BGH NJW 1997, 598; OLG Hamm DAR 1999, 96. Verantwortliche und dennoch im Verfahren namentlich nicht bekannte Personen können solche sein, die der Halter nur mit Spitznamen kennt: z. B. der Fahrer, der die Diskobekanntschaften wegen vermeintlich noch größerer Alkoholisierung nach Hause fährt und den mitfahrenden Personen nur als „Hubi" bekannt ist.

■ Verjährungsunterbrechung tritt zudem gemäß § 33 Abs. 2 OWiG durch Anordnung der Vernehmung, der Versendung des Anhörungsbogens oder der Vorladung des Betroffenen ein, sofern die Anordnung aktenkundig mit dem Datum der Anordnung vom zuständigen Sachbearbeiter mit seiner Unterschrift abgezeichnet wurde. Zugang der Anordnung der Anhörung ist, wie bereits bei der Anhörung selbst, nicht nötig.

■ Der Erlass des Bußgeldbescheides unterbricht die Verjährung. Sobald der Bußgeldbescheid den Geschäftslauf der Behörde verlässt, tritt Unterbrechung mit dem Tag der Unterzeichnung des Bußgeldbescheides durch den zuständigen Bearbeiter oder bei maschineller Bearbeitung mit Ausdruck ein. Das bedeutet, dass der Bußgeldbescheid innerhalb der nächsten zwei Wochen ab Erlass (§ 33 Abs. 1 S. 1 Nr. 9 OWiG) zugestellt werden muss. Anderenfalls tritt Verjährungsunterbrechung erst mit Zustellung beim Betroffenen ein.

> **BEISPIEL:** Stellt die Behörde den Bußgeldbescheid dem ihr bekannten Verteidiger zu, dessen schriftliche Vollmacht aber noch nicht in der Behördenakte ist, ist die Zustellung unwirksam.

Achtung!

Nach Auffassung des BGH, die gleichwohl umstritten ist, hat der Erlass des Bußgeldbescheides nur dann Auswirkung auf die Verfolgungsverjährung, wenn wirklich innerhalb der Zwei-Wochen-Frist zugestellt wird. Er muss wirksam zugestellt werden.

- Die Aktenübersendung der Bußgeldakte an das Gericht zur Weiterbearbeitung unterbricht die Verjährung mit Akteneingang bei Gericht.

- Beauftragen der Richter oder der Staatsanwalt oder die Bußgeldbehörde einen Sachverständigen für ein bestimmtes Beweisthema, so entsteht nach § 33 Abs. 1 Nr. 3 OWiG die Verjährungsunterbrechung. Voraussetzung ist, dass der Betroffene vorher vernommen bzw. ihm vorher die Einleitung des Ermittlungsverfahrens bekannt gegeben wurde.

Eingrenzung erfährt die Sachverständigenbeauftragung durch das Beweisthema (z. B. Prüfung der alkoholbedingten Schuldfähigkeit). Damit tritt die Unterbrechung nur für den beauftragten Abschnitt des Beweisthemas ein. Alle anderen Teile des Bescheides, wie die Strafrahmenfestsetzung oder andere im Verfahren mit behandelte, weitere Verwirklichungen von Straftatbeständen unterliege der regulären Verjährung der jeweiligen Straftatbestände.

> **BEISPIEL:** Sachverständiger nimmt zur Frage der Alkoholbeeinflussung der Pkw-Fahrerin Stellung (Trunkenheit im Straßenverkehr, § 24a StVG oder § 316 StGB), nicht aber zur Verkehrssicherheit des Fahrzeugs (Ordnungswidrigkeit nach § 69a StVZO [Straßenverkehrszulassungsordnung]). In diesem Fall tritt für die Ordnungswidrigkeit des verkehrsunsicheren Fahrzeugs (z. B. Reifen ohne Profil, Fahrzeug ohne TÜV, Fahrzeug ohne Haftpflichtversicherung) keine Unterbrechung ein. Denn

sie wäre auch ohne Zusammenhang abgetrennt beurteilbar. Die Ordnungswidrigkeit wurde ja nur aus Anlass dergleichen sachlichen Feststellungen (gleiche Tatzeit) im gleichen Verfahren berücksichtigt.

- Verweist der Richter die Rechtssache nach erneuter Prüfung zurück an die Verwaltungsbehörde, weil er keinen hinreichenden Tatverdacht für das Vorliegen einer Ordnungswidrigkeit feststellen kann, ist dieser unanfechtbare Beschluss verjährungsunterbrechend. Die damit vom Richter offenbarte offensichtliche, ungenügende Sachaufklärung muss von der Verwaltungsbehörde neu ermittelt werden. Die Verwaltungsbehörde wird dadurch wieder zur Verfolgungsbehörde und kann den Sachverhalt nach ausreichender Aufklärung erneut dem Richter zur Entscheidung vorlegen.

- Terminierungen und Umterminierungen des Richters aus sachlichem Grund gemäß § 33 Abs. 1 Nr. 11 OWiG und der dazu ergehende gerichtliche Beschluss mit vollständiger Beteiligtenangabe (vollständigem Rubrum) haben verjährungsunterbrechende Wirkung.

VIII. Führungszeugnis

Es kann vollumfänglich auf die diesbezüglichen Ausführungen zum Strafbefehl Bezug genommen werden (siehe Kap. 1 X.).

IX. Verkehrszentralregister, Bundeszentralregister

Im Verkehrszentralregister werden sämtliche Verstöße, die zur Ahndung gekommen sind, eingetragen. Auch hierzu siehe die Ausführungen beim Strafbefehlsverfahren (siehe Kap. 1 XI.).

X. Typische Sachverhalte für Bußgeldbescheide

Typische Anwendungsbereiche für Bußgeldbescheide sind:

- Einschränkung des Betriebs von Gaststätten

- Verkehrsverstöße, so z. B. jede Form der Geschwindigkeitsüberschreitung inner- und außerorts mit Kraftfahrzeugen

- Nichtbeachtung der Ampelanlagen durch Überfahren der Ampel in der Rotphase (unter einer Sekunde einfacher Rotlichtverstoß, über eine Sekunde qualifizierter Rotlichtverstoß mit Fahrverbot)

- Unfall aufgrund nicht beachteter Sorgfaltsmaßstäbe beim Rückwärtsfahren aus Einfahrten, Straßen, etc.

- grob fahrlässiges oder vorsätzliches Unterlassen des Bafög-Beziehers, am Verfahren mitzuwirken (z. B. trotz behördlicher Mahnung wurden Unterlagen nicht vorgelegt, Einkünfte nicht mitgeteilt)

- sämtliche Verstöße von Berufskraftfahrern gegen die Lenk- und Ruhezeiten.

1. Bußgeldbescheid wegen Unfallverursachung durch Rückwärtsfahren

Landkreis Nordsachsen	**Landratsamt**
	Der Landrat
	Dezernat V
Landratsamt Nordsachen	**Bußgeldstelle**
Aktenzeichen:	**Herr Schön**
gegen Postzustellungsurkunde	Unterschrift, Dienstbezeichnung
	Datum:
Aktenzeichen:	

An Frau Maxi Mustermann
Musterstrasse 6
01234 Musterhausen
Geburtstag, Geburtsort

Bußgeldbescheid

Sehr geehrte Frau Mustermann,
Ihnen wird vorgeworfen, am 6. 1. 2010 um 13.00 Uhr in Musterhausen, Musterstrasse 6, Höhe Hausnummer 6 als Führerin eines PKW VW Polo, amtliches Kennzeichen: TDO- X folgende Verkehrsordnungswidrigkeit nach § 24 StVG begangen zu haben:

Sie ließen beim Rückwärtsfahren die Ihnen obliegende Sorgfalt außer Acht. Es kam zum Unfall.

§§ 9 Abs. 5, 1 Abs. 2, 49 StVO i. V. m. § 24 StVG, Nr. 44 BKat, § 3 Abs. 3 BKatV, § 19 OWiG

Bemerkungen / Tatfolgen:

Beweismittel: Verkehrsunfallanzeige Polizeirevier Torgau, Lichtbildmappe, Angaben der Beteiligten,

Zeugen: Beamtin des Polizeirevier Torgau Frau Elfriede Mustermann

Wegen dieser Ordnungswidrigkeit wird gegen Sie:

1. eine Geldbuße festgesetzt (§ 17 OWiG) in Höhe von € 100,00.

2. Sie haben außerdem die Kosten des Verfahrens zu tragen.

Gebühr:	€ 20,00
Auslagen Verwaltung:	€ 3,50
Auslagen der Polizei / Gemeinde:	€ 0,00
Sonstige Auslagen:	€ 0,00
Gesamtbetrag:	€ 123,50

Punkte nach Rechtskraft: 02

Im Auftrag
Schön

Rechtsbehelfsbelehrung, Zahlungsaufforderung sowie Hinweis der Beweiserhebung und für den Fall des Einspruchs siehe Rückseite!

(Rückseite)

Zahlungsaufforderung

Sie werden gebeten, spätestens zwei Wochen nach Rechtskraft des Bußgeldbescheides den zu zahlenden Gesamtbetrag auf das angegebene Konto zu überweisen. Das Konto der Bußgeldstelle ist im unteren Rand der ersten Zeile angegeben. Sollten Sie den beigefügten Überweisungsträger nicht benutzen, geben Sie bitte unbedingt das Ihrem Vorgang zugeordnete Kassenzeichen (rechts neben dem Anschriftenfeld) an, da sonst eine einwandfreie Verbuchung nicht gewährleistet werden kann.

Im Falle der Zahlungsunfähigkeit haben Sie der oben genannten Behörde unter eingehender Begründung rechtzeitig vor Ablauf der Zahlungsfrist mitzuteilen, warum Ihnen die fristgemäße Zahlung nach Ihren wirtschaftlichen Verhältnissen nicht zuzumuten ist. Geeignete Nachweise (Verdienstbescheinigungen des Arbeitgebers, Beleg über Sozialhilfe) sind beizufügen. Auf Antrag kann Ihnen Ratenzahlung gewährt werden.

Falls Sie weder die Zahlungsfrist einhalten noch Ihre Zahlungsunfähigkeit anzeigen, wird der fällige Betrag zwangsweise beigetrieben. Auch kann das Amtsgericht zur Beitreibung der Geldbuße Erzwingungshaft anordnen.

Die Zahlungsaufforderung gilt nicht, wenn nach Einspruch die Geldbuße vom Gericht festgesetzt wird. In diesem Fall erhalten sie eine Kostenrechnung mit Zahlungsaufforderung von der Gerichtskasse.

Hinweise

Allgemein

Im Ordnungswidrigkeitenverfahren wird in der Regel von fahrlässigem Handeln ausgegangen.

Zum Einspruch

Der Einspruch muss in deutscher Sprache abgefasst sein.

Sie haben die Möglichkeit, Tatsachen und Beweismittel, die zu Ihrer Entlastung führen können, zu benennen. Bis zur Entscheidung über den Einspruch bitte ich von der Zahlung abzusehen, da in der Regel von der Rücknahme des Einspruchs ausgegangen wird, wenn die Zahlung der Geldbuße nach Einlegung des Einspruchs erfolgt. Nimmt die Verwaltungsbehörde den Bußgeldbescheid trotz Einspruch nicht zurück, so leitet sie den Vorgang über die Staatsanwaltschaft an das zuständige Amtsgericht zur Entscheidung weiter. Bis zum Termin der Hauptverhandlung haben Sie jederzeit die Möglichkeit, Ihren eingelegten Einspruch zu überdenken und gegebenenfalls bei der Verfolgungsbehörde schriftlich zurückzunehmen. In diesem Fall wird der erlassene Bußgeldbescheid in seiner bestehenden Form rechtskräftig und vollstreckbar. Eine erneute Zahlungsaufforderung wird nicht mehr versandt.

Im Ergebnis der Prüfung des Einspruchs kann auch eine für Sie nachteilige Entscheidung getroffen werden.

Zu den Punkten

Die Zahl der Punkte ist unverbindlich. Die Bewertung erfolgt vorläufig durch das Kraftfahrt-Bundesamt und endgültig durch die für Maßnahmen nach dem Mehrfachtäter-Punktesystem zuständige Verwaltungsbehörde. Ein Rechtsmittel (Einspruch) gegen die Punkte ist nicht möglich.

Zum automatisierten Verfahren

Die Bearbeitung der Verkehrsordnungswidrigkeit erfolgt aufgrund des enormen Posteingangs im automatisierten Verfahren. Um die Masse der Anfragen ordnungsgemäß bearbeiten zu können, ist es unumgänglich, auf standardisierte Schreiben zurückzugreifen. Diese lassen für den Bürger oft nicht erkennen, das sein Vorbringen geprüft und bewertet wurde. Eine individuelle Beantwortung ist aus Gründen der Vielzahl nicht in jedem Fall möglich.

Das automatisierte Verfahren, dass bei den meisten Bußgeldstellen der Bundesrepublik Deutschland üblich ist, führt keinesfalls zur Verkürzung des Rechts des Betroffenen, da –wie dargelegt- eine Prüfung seiner Einlassung erfolgt und gegebenenfalls auch zu einer Verfahrenseinstellung führt.

2. Bußgeldbescheid wegen Geschwindigkeitsüberschreitung

	Zentraldienst der Polizei	Zentrale Bußgeldstelle
Land BRANDENBURG		
ZBSt Pol BB	**Datum:**	
Aktenzeichen:	**Herr Schön**	
gegen Postzustellungsurkunde	Aktenzeichen**:**	
	Kassenzeichen:	

An Frau Maxi Mustermann
Musterstrasse 6
012345 Musterhausen
Geburtstag, Geburtsort

Bußgeldbescheid (Ausfertigung)

Sehr geehrte Frau Mustermann,

Ihnen wird vorgeworfen, als Führerin eines PKW folgende Verkehrsordnungswidrigkeit begangen zu haben:

Feststellungsort: Musterhausen, Musterstrasse 6, Höhe Hausnummer 6

Feststellungstag: 6. 1. 2010 um 13.00 Uhr

Fahrzeugart: VW Polo, amtliches Kennzeichen: TDO-X

Ordnungswidrigkeit:

Sie überschritten die zulässige Höchstgeschwindigkeit außerhalb geschlossener Ortschaften um 21 km/h. Zulässige Geschwindigkeit: 80 km/h Festgestellte Geschwindigkeit (nach Toleranzabzug): 101 km/h

Verletzte Vorschriften:
§ 41 Abs. 1 i. V. m. Anlage 2, § 49 StVO, § 24 StVG, Nr. 11.3.4 BKat,
Bemerkungen/Tatfolgen:
Beweismittel: Frontfoto, Einseitensensor, Film/Messung 01323144,
Bildnummer 3
Zeugen: Beamtin des Polizeirevier Torgau Frau Elfriede Mustermann
Wegen dieser Ordnungswidrigkeit wird gegen Sie

1. eine Geldbuße festgesetzt (§ 17 OWiG) in Höhe von   € 70,00.

2. Sie haben außerdem die Kosten des Verfahrens zu tragen.

Gebühr: € 20,00

Auslagen Verwaltung: € 3,50

Auslagen der Polizei / Gemeinde: € 0,00

Sonstige Auslagen: € 0,00

Gesamtbetrag: € 93,50

Punkte nach Rechtskraft: 01
Im Auftrag
Schön
Rechtsbehelfsbelehrung, Zahlungsaufforderung sowie Hinweis der Beweiserhebung und für den Fall des Einspruchs siehe Rückseite!
(Rückseite wie vorgehendes Beispiel)

XI. Typische gesetzliche Grundlagen

Typische gesetzliche Grundlagen für einen Bußgeldbescheid sind:

- OWiG

- landesrechtliche Regelungen (z. B. Bauen, ohne vorher die erforderliche Baugenehmigung erhalten zu haben, §§ 81 Abs. 1 Nr. 5, 70 Abs. 6 Thüringer Bauordnung)

- §§ 24, 25 StVG.

Checkliste Bußgeldbescheid

☐ **Ich erhielt einen Anhörungsbogen/Zeugenfragebogen. Muss ich etwas ausfüllen?**

Ja, zumindest die persönlichen Angaben sind mitzuteilen (Name, Anschrift, Geburtstag, Geburtsdatum, Geburtsort).

☐ **Wenn ich zur Sache schreibe, muss es als Beschuldigter oder Zeuge die Wahrheit sein?**

Der Beschuldigte hat keine Wahrheitspflicht. Er macht sich beim Lügen nicht strafbar, außer er belastet wissentlich falsch andere (falsche Verdächtigung oder Verleumdung).

Der Zeuge ist zur Wahrheit verpflichtet, egal ob mit oder ohne Eid. Sagt er wahrheitswidrig aus, macht er sich einer falschen uneidlichen Aussage schuldig und wird mit einer Freiheitsstrafe nicht unter einem Jahr bestraft. Bei Vereidigung ist die Strafe noch höher. Bei Verwandten (Ehepartner, Kinder, Geschwister etc.) bestehen verschiedene Zeugnisverweigerungsrechte.

☐ **Muss ich den per Post versandten Bußgeldbescheid annehmen oder kann ich ihn mit „Annahme verweigert" zurücksenden?**

Wenn man die Post als „Annahme verweigert" zurücksendet, nützt das nichts, da die Zustellungsvermutung nach dem dritten Tag nach Aufgabe zur Post greift. Dann gilt der Bescheid als zugestellt. Etwas anderes wäre zu beweisen (Umzug etc.).

☐ **Ich habe einen Bußgeldbescheid erhalten. Muss ich den hinnehmen?**

Nein. Es gibt die Möglichkeit des Einspruchs. Der Betroffene hat Zeit bis zu zwei Wochen nach Zustellung bei der Behörde, welche den Bescheid erlassen hat, Einspruch einzulegen. Dann verhandelt bei Nichtabhilfe durch die Behörde das Gericht über den Sachverhalt.

☐ **Ich habe einen Bußgeldbescheid erhalten, der beschriebene Vorfall stimmt nicht.**

Ein Einspruch ist einzulegen und der Sachverhalt ist richtig zu stellen. Bitte mit Beweisangeboten. Die Zwei-Wochen-Frist ab Zustellung ist trotzdem einzuhalten.

☐ **Ich habe einen Bußgeldbescheid erhalten, der beschriebene Vorfall stimmt, aber die Geldbuße ist zu hoch.**

Ein Einspruch kann eingelegt werden, auch nur beschränkt auf die Höhe der Geldbuße und/oder das Fahrverbot. Meist macht dies

wenig Sinn, da entweder die Geldbuße nach Bußgeldkatalog fest-
gesetzt wurde oder im Ermessen der Behörde steht. Kann ein
Ermessensfehler nicht aufgezeigt werden, bringt der Einspruch
also nichts. Ein Härtefallvortrag gegen ein Fahrverbot greift in
Deutschland nur untergeordnet durch. Die Gerichte hoben das
Fahrverbot beim Vorliegen folgender Umstände auf:

- Erfordernis dringender notwendiger Behandlung nach Herz-
  operation
- EU-Rentner, 100 % schwer behindert
- Betroffener mit Beinamputation, Rollstuhlfahrer mit Quer-
  schnittslähmung
- Schwerbehinderter ohne Vorbelastung oder mit drohender
  Kündigung des Arbeitsplatzes
- Gefährdung der Versorgung eines schwer kranken, pflege-
  bedürftigen Angehörigen
- Vater mit vier Kindern und einem Arbeitsweg einfacher Strecke
  von 25 km, Kündigung des Arbeitsplatzes droht und zwei Kin-
  der haben Mucoviszidose.

Andere Fallgestaltungen wurden von den Gerichten nicht als Här-
tefall eingestuft.

☐ **Ich habe einen Bußgeldbescheid erhalten, Vorfall und Geldbuße sind richtig. Ich kann mir die Geldbuße aber nicht leisten.**
Es ist Antrag bei der Behörde auf Ratenzahlung oder Zahlungsaufschub zu stellen. Einkommensbelege und Zahlungsverpflichtungen sind vorzutragen und in Ablichtung beizufügen. Der Antrag
sollte innerhalb der Frist von zwei Wochen nach Eintritt der
Rechtskraft gestellt werden. Spätere Anträge werden nicht berücksichtigt. Eine gesonderte Zahlungsaufforderung neben dem
Bußgeldbescheid erfolgt nicht, da der Bescheid allein vollstreckungsfähig ist.

☐ **Ich habe einen Strafbefehl erhalten, Vorfall und Geldstrafe
sind richtig. Ich kann die Geldstrafe aber weder in Raten noch
später bezahlen.**
Zu zahlen ist in jedem Fall. Sonst versucht die Behörde die Vollstreckung. Aber es kann auch ein Dritter (Freund, Verwandter) für
den Betroffenen zahlen. Wie der Betroffene sich mit dem Dritten
einigt, geht die Behörde nichts an. Eine Umwandlung in gemeinnützige Arbeit gibt es nicht.

3. Kapitel

Rechtsbehelfsverfahren

I. Einspruch

1. Begriff

Der Einspruch ist ein Rechtsbehelf, der – anders als Rechtsmittel – das erstinstanzliche Verfahren in Gang setzt. Er führt zur Einleitung des Hauptverfahrens vor Gericht (mit mündlicher Verhandlung).

2. Anwendungsbereich

Der Einspruch ist im Strafbefehlsverfahren und Bußgeldverfahren der einzige Weg, die Rechtskraft des Strafbefehls bzw. Bußgeldbescheides zu verhindern.

3. Verzicht/Rücknahmemöglichkeit

a) Verzicht

Nach Erlass des Bußgeldbescheides ist ein Verzicht auf den Einspruch jederzeit zulässig und bindend. Die Verzichtserklärung des Beschuldigten ist unwiderruflich und unanfechtbar; BGH NStZ 1984, 181. Für den **Strafbefehl** gilt, dass die Zahlung der Strafe kein Verzicht auf den Einspruch ist. Auch bei bereits eingelegtem Einspruch stellt die Zahlung der Strafe keinen gleichzeitig, nicht ausdrücklich erklärten (konkludenten) Verzicht auf den Einspruch dar; OLG Hamm VRS 36, 217; LG Hannover MDR 1960, 630; OLG Stuttgart DAR 1998, 29; OLG Rostock NZV 2002, 137.

Ebenso wie beim Strafbefehl ist beim **Bußgeldbescheid** die Zahlung der Geldbuße kein Verzicht auf den Einspruch. Dies gilt jedoch nur dann, wenn vor Einspruchseinlegung gezahlt wurde. Hat der Beschuldigte seinen Führerschein wegen Verhängung des Fahrverbots bereits übersandt, so ist das ein wirksamer Rechtsmittel- bzw. Rechtsbehelfsverzicht, OLG Naumburg NZV 1997, 493; Ein danach eingelegter Einspruch ist unzulässig.

b) Rücknahme

Hat der Angeklagte/Betroffene einen Rechtsanwalt in der Sache beauftragt, so muss dieser ausdrücklich zur Rücknahme ermächtigt worden sein, § 302 Abs. 2 StPO. In den meisten formularmäßigen Anwaltsvollmachten ist aber grundsätzlich diese Ermächtigung berücksichtigt. Liegt eine ausdrückliche Ermächtigung aber nicht vor, so kann der Rechtsanwalt den Einspruch nicht wirksam für den Angeklagten/Betroffenen zurücknehmen.

Bevor die Hauptverhandlung begonnen hat, kann der Angeklagte den Einspruch jederzeit ohne Zustimmung der Staatsanwaltschaft zurücknehmen. Damit wird der ursprüngliche **Strafbefehl** rechtskräftig. Nach Beginn der Hauptverhandlung durch den Aufruf der Sache bedarf die Rücknahme des Einspruchs gemäß § 303 StPO der Zustimmung der Staatsanwaltschaft. Meist ist dies jedoch kein Problem.

Der Einspruch gegen den **Bußgeldbescheid** kann grundsätzlich jederzeit zurückgenommen werden. Ausnahmen: die Überleitung in ein Strafverfahren ist bereits erfolgt oder die Sache wurde aufgrund erfolgreicher Rechtsbeschwerde der Staatsanwaltschaft an das Amtsgericht zur Neubeurteilung zurückverwiesen.

Nach Beginn der Hauptverhandlung durch den Aufruf der Sache bedarf die Rücknahme des Einspruchs gegen den Bußgeldbescheid gemäß § 75 Abs. 2 OWiG der Zustimmung der Staatsanwaltschaft, wenn diese an der Hauptverhandlung teilnimmt. Da die Staatsanwaltschaft selten an der Hauptverhandlung teilnimmt, ist deren

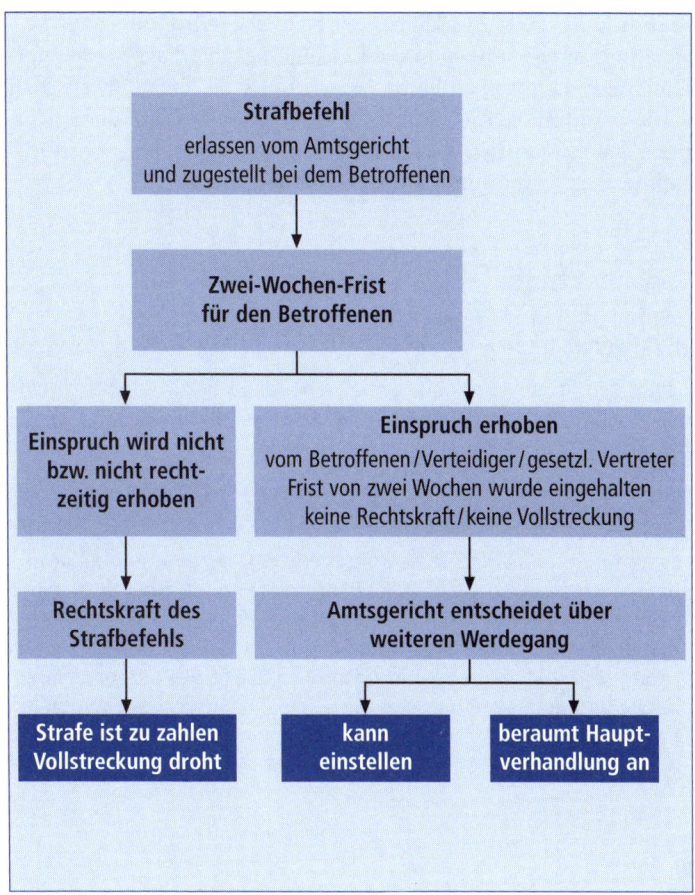

Abb. 3: Einspruchsverfahren beim Strafbefehl

Zustimmung bei Abwesenheit entbehrlich. Wird die Hauptverhandlung vertagt und dann die Rücknahme außerhalb der neu terminierten Hauptverhandlung erklärt, muss die Staatsanwaltschaft wieder zustimmen. Zum Glück für die Betroffenen wird dieser Umstand häufig von den Bußgeldrichtern übersehen und die Rücknahme ohne Zustimmung als wirksam betrachtet.

4. Beim Strafbefehl

a) Anwendbarkeit

Gegen den Strafbefehl kann gem. § 410 Abs. 1 StPO Einspruch eingelegt werden. Nur die Einlegung des Einspruchs verhindert die Rechtskraft des Strafbefehls.

> **Achtung!**
>
> Es gibt hier kein Verschlechterungsverbot. Das heißt, der im Strafbefehl festgesetzte Tenor (Urteilsformel) kann hinsichtlich Anzahl und/oder Höhe der Tagessätze erhöht und eine verhängte Sperrfrist auch verlängert werden.
> Lediglich das LG Münster hat nach dem Gebot des fairen Verfahrens von dieser Regelung abgesehen, wenn sich in der Hauptverhandlung keine anderen Tatsachen ergeben haben als bei Erlass des Strafbefehls; LG Münster ZfS 2003,152.

b) Form

Grundsätzlich gibt es keinen Formzwang. Klar muss jedoch sein, dass kein bloßer Entwurf vorliegt.

Der im Strafbefehl Angeklagte kann persönlich zu Protokoll der Geschäftsstelle des Amtsgerichts oder schriftlich Einspruch einlegen. Auch die Einlegung des Einspruchs durch einen von ihm beauftragten Rechtsanwalt ist möglich. Sämtliche Mittel der Telekommunikation können wahrgenommen werden, wobei die Einlegung per E-Mail mangels technischer Voraussetzungen (besonderer Internetzugang; Lesbarkeit der qualifizierten elektronischen Signatur) bei den meisten Gerichten noch nicht möglich ist. Zudem scheidet eine telefonische Einspruchseinlegung aus; BGHSt 30, 64.

Der Einspruch ist an das Gericht zu richten, welches den Strafbefehl erließ.

Befindet sich der im Strafbefehl Angeklagte in Haft, so wird der Strafbefehl beim Gericht am Ort der JVA verwahrt. Dort kann er Einspruch einlegen.

Aus dem Schriftstück muss sich mit hinreichender Zuverlässigkeit der Inhalt der Erklärung (v. a. der angegriffene Strafbefehl mit Datumsangabe und Aktenzeichen, siehe Kap. 1) und die absendende Person ergeben. Nicht notwendig, aber hilfreich, ist die Überschriftenformulierung „Einspruch" (siehe Kap. 3 I. 6).

Hinsichtlich der schriftlichen Einlegung schadet nicht einmal das Fehlen der Unterschrift, wenn aus den Gesamtumständen auf die Person des Erklärenden geschlossen werden kann; BVerfGE DAR 2002, 221.

Legt der beauftragte Rechtsanwalt Einspruch ein und fehlt dessen Unterschrift, so schadet dies nicht. Es muss sich nur aus dem Briefkopf und dem Diktatzeichen der bearbeitende Rechtsanwalt ermitteln lassen.

Sogar ein Faksimile-Stempel oder die eingescannte Unterschrift ist ausreichend. Als Faksimilestempel bezeichnet man eine originalgetreue Kopie bzw. eine exakte Nachbildung (= Reproduktion) einer Vorlage. Daher darf ein solcher Stempel nicht achtlos herumliegen.

Der BGH hat in zahlreichen Entscheidungen festgestellt, dass die Schriftsatzübermittlung per Telefax für alle Schriftsätze an das Gericht (und somit auch für den Einspruch) uneingeschränkt zulässig ist; BGH NJW-RR 1997, 250; BGH NJW 2005, 678.

c) Frist

Der im Strafbefehl Angeklagte kann innerhalb von zwei Wochen nach Zustellung bei dem Gericht, das den Strafbefehl erlassen hat, schriftlich oder zu Protokoll der Geschäftsstelle Einspruch einlegen, § 410 Abs. 1 S. 2 StPO.

Der Strafbefehl ist dem Urteil gleichzusetzen, wenn nicht oder nicht rechtzeitig Einspruch eingelegt wird (§ 410 Abs. 3 StPO). Mit Eintritt der Rechtskraft kann der Strafbefehl vollstreckt werden. Im eigenen Interesse sollte daher fristgemäß Einspruch eingelegt werden, wenn gegen den ganzen Strafbefehl vorgegangen werden soll („vollumfänglich") oder nur gegen bestimmte Teile (meist die Rechtsfolgen, vgl. unten Kap. 3 I. 4 f.).

Voraussetzung eines rechtzeitigen Einspruchs ist die wirksame Zustellung. Diesbezüglich wird auf die Ausführungen zur Zustellung beim Strafbefehl verwiesen (Kap. 1 V. 3).

Der Einspruch muss innerhalb der Zwei-Wochen-Frist beim Gericht angekommen sein. Für eilige Fälle hat sich die vorherige Faxübermittlung oder der Einwurf in den Nachtbriefkasten der Gerichte bewährt. Nicht verwechselt werden darf die Einspruchsfrist mit der zivilrechtlichen Widerrufsfrist. Dort reicht grundsätzlich die Absendung in der Frist. Im Strafbefehlsverfahren würde die Absendung am letzten Tag der Frist die Rechtskraft des Strafbefehls erzeugen.

Selbst wenn der Strafbefehl schon erlassen, aber noch nicht zugestellt wurde, kann bereits wirksam Einspruch eingelegt werden.

Die Frist zur Einspruchseinlegung ist eine Wochenfrist im Sinne des § 43 StPO. Damit endet die Frist mit dem Ablauf des Tages der letzten Woche, der durch seine Benennung dem Tag entspricht, an dem die Frist begonnen hat.

BEISPIEL: Wurde an einem Montag, dem 3.2., zugestellt, so endet die Frist am Montag dem 17.2. um 24.00 Uhr.

Achtung!

Nie ist das Ende der Dienstzeit am letzten Fristtag entscheidend, sondern Fristende ist stets am letzten Tag 24.00 Uhr.

Fällt das Fristende auf einen Sonntag, einen allgemeinen Feiertag oder Sonnabend, so endet die Frist mit Ablauf des nächsten, darauf folgenden Werktages.

BEISPIEL: Zustellung des Strafbefehls am 19. 3. 2010; Fristende ohne Feiertagsregelung wäre der 2. 4. 2010, dieser ist Karfreitag/Feiertag; 3. 4. 2010 ist Sonnabend, 4. 4. 2010 ist Sonntag, 5. 4. 2010 ist Ostermontag/Feiertag; somit endet die Frist tatsächlich erst am 6. 4. 2010 um 24.00 Uhr.

Achtung!

Bei landesrechtlichen Feiertagen ist nicht die Feiertagsregelung im Bundesland des Angeklagten entscheidend, sondern die des den Strafbefehl erlassenden Gerichts.

BEISPIELE der besonderen landesrechtlichen Feiertage sind für

Sachsen:	Buß- und Betttag
Baden-Württemberg, Bayern, Sachsen-Anhalt:	Heilige Drei Könige
Baden-Württemberg, Bayern, Hessen, Nordrhein-Westfalen, Rheinland-Pfalz, Saarland, teilweise Sachsen und Thüringen:	Fronleichnam
Saarland, Teile von Bayern mit überwiegend katholischer Bevölkerung:	Mariä Himmelfahrt
Sachsen, Thüringen, Sachsen-Anhalt, Brandenburg, Mecklenburg-Vorpommern:	Reformationstag
Baden-Württemberg, Bayern, Nordrhein-Westfalen, Rheinland-Pfalz, Saarland:	Allerheiligen

d) Einspruchsberechtigte

Der Absender des Einspruchs muss als bestimmbare Person zu erkennen sein. Damit kann den Einspruch der im Strafbefehl Angeklagte, sein gesetzlicher Vertreter oder sein Verteidiger erheben.

e) Empfänger

Als Empfänger des Einspruchs ist immer das im Strafbefehl gegebene, den Strafbefehl erlassende Gericht zu bezeichnen. Nur dort kann fristwahrend Einspruch eingelegt werden. Schickt der Betroffene den Einspruch an ein anderes Gericht, ist das gefährlich, weil zwar in der Regel der Einspruch an das richtige Gericht weitergeleitet wird, sofern dies erkennbar ist. Allerdings führt das oder der Hinweis des Gerichts, es sei nicht zuständig, zu einer erheblichen Verzögerung. Es besteht dadurch die Gefahr, dass die Einspruchsfrist abläuft, ohne dass der Einspruch bis dahin das richtige Gericht erreicht hat.

f) Beschränkungsmöglichkeit

Hat der Strafbefehl mehrere Taten aufgeführt, die sog. einzelne materiell-rechtliche Taten sind, so kann der Einspruch auf einzelne Taten beschränkt werden (Strafbefehl betrifft einen Diebstahl am … und einen anderen Diebstahl am Folgetag durch den gleichen Täter). Das ist auch bei Taten möglich die nach § 264 StPO eine prozessuale Einheit (sog. Tat im prozessualen Sinn) bilden.

Der Einspruch kann auf die Rechtsfolgen beschränkt werden. Das sind z. B. die Festlegung der Tagessatzanzahl und Tagessatzhöhen, Freiheitsstrafe, Sperren etc. In diesem Fall wird der strafrechtlich beurteilte Sachverhalt rechtskräftig festgestellt. Dazu muss für die Wirksamkeit der Beschränkung der Strafbefehl in der Sache so deutlich und vollständig sein, dass er als Grundlage für die Rechtsfolgenbestimmung dienen kann.

Sofern der Angeklagte noch Heranwachsender bei der Tat war und der Einspruch auf die Rechtsfolgen beschränkt wird, darf das Gericht die Anwendbarkeit des Jugendstrafrechtes mit meist milderen Mitteln nicht mehr prüfen. Denn der Sachverhalt, der vorgeworfen wurde, steht rechtskräftig fest. Bei der Einlegung eines unbeschränkten Einspruchs hingegen hat das Gericht zu prüfen, ob Jugendstrafrecht mit den der Entwicklung der Heranwachsenden Rechnung tragenden, milderen Verurteilungsmöglichkeiten anzuwenden ist. Jugendstrafrecht ist anzuwenden, wenn es sich um eine jugendtypische Tat handelt oder Entwicklungs- und Reifedefizite beim Heranwachsenden vorliegen. Nach dem Jugendstrafrecht kann der Heranwachsende u. a. verwarnt werden, Weisung und/oder Auflagen bzw. Zuchtmittel (z. B. Wochenendarrest in einer JVA) erteilt bekommen. Meist wird die Verhängung von Arbeitsstunden durch die Gerichte bevorzugt.

> **BEISPIEL:** Sobald von einem Heranwachsenden der Einspruch beschränkt auf die Rechtsfolgen eingelegt wurde, ist statt der Verhängung von 25 Tagessätzen in der (gerichtlichen) Hauptverhandlung keine Wandelung zur Verhängung von Zuchtmitteln, wie Arbeitsstunden, mehr möglich.

Achtung!

Besteht die Möglichkeit, dass der Täter noch unter Anwendung des Jugendstrafrechtes verurteilt werden könnte, so sollte vorsorglich unbeschränkter Einspruch eingelegt werden.

g) Begründung, Beweisangebot, Nachweis der Einkommensverhältnisse

Eine Begründung ist nicht erforderlich. Sind aber bereits Beweismittel zur Entlastung bekannt, sollten diese schon im Einspruch vorgetragen werden. Ansonsten kann das Gericht gegebenenfalls später vorgetragene Beweisanträge zurückweisen, wenn es den Sachverhalt für aufgeklärt ansieht.

Das gilt v. a. beim Nachweis der Einkommensverhältnisse, wenn das Gericht zumeist wegen der nach § 40 Abs. 3 StGB möglichen Einkommensschätzung von einem erhöhten Tagessatz ausgeht und der Angeklagte tatsächlich ein wesentlich anderes Einkommen aufweisen kann. Dem Einspruch kann dann die Einkommensgrundlage als Kopie beigefügt werden (z. B. Leistungsbescheid der ARGE/Jobcenter).

5. Beim Bußgeldbescheid (Ordnungswidrigkeitenverfahren)

a) Anwendbarkeit/Verfahrensüberblick

Der Betroffene kann nach § 67 Abs. 1 S. 1 OWiG gegen den Bußgeldbescheid Einspruch einlegen. Die den Bußgeldbescheid erlassende Behörde gibt dann das Verfahren an die Staatsanwaltschaft ab. Die Staatsanwaltschaft leitet das Hauptverfahren vor dem Ordnungswidrigkeitengericht (Amtsgericht) ein, sofern keine Einstellungsmöglichkeiten bestehen. Dann kann nur noch der beurteilende Richter im Hauptverfahren die Sache an die Bußgeldbehörde wegen ungenügender Ermittlung in der Sache zurückgeben. Das Gericht zwingt die Behörde so zu weiteren Ermittlungen; der Gerichtsbeschluss ist unanfechtbar, § 69 Abs. 5 OWiG.

> **Achtung!**
>
> Es gibt auch hier kein Verschlechterungsverbot (siehe Kap. 3 I. 4 a).

Außerdem kann die Behörde den Bußgeldbescheid bei Fehlern zurücknehmen und anschließend neu erlassen, solange kein Gerichtsverfahren anhängig ist.

b) Form

Grundsätzlich gibt es keinen Formzwang. Es muss sich aus dem Einspruch ergeben, gegen welchen Bescheid welcher Behörde (möglichst mit Angabe des Aktenzeichens) sich der Einspruch richtet und wer ihn einlegt.

Die fernmündliche Einlegung zur Niederschrift der Verwaltungsbehörde ist zulässig und darf von dieser nicht abgelehnt werden. Voraussetzung hierfür ist, der Sachbearbeiter hat einen schriftlichen Vermerk über die telefonische Einlegung gemacht. Für die schriftliche Einlegung des Einspruchs kann auf die Ausführungen zum Strafbefehl verwiesen werden. So ist das Fehlen der Unterschrift nicht zwingend ein Unwirksamkeitsgrund (BVerfG DAR 2002, 221;

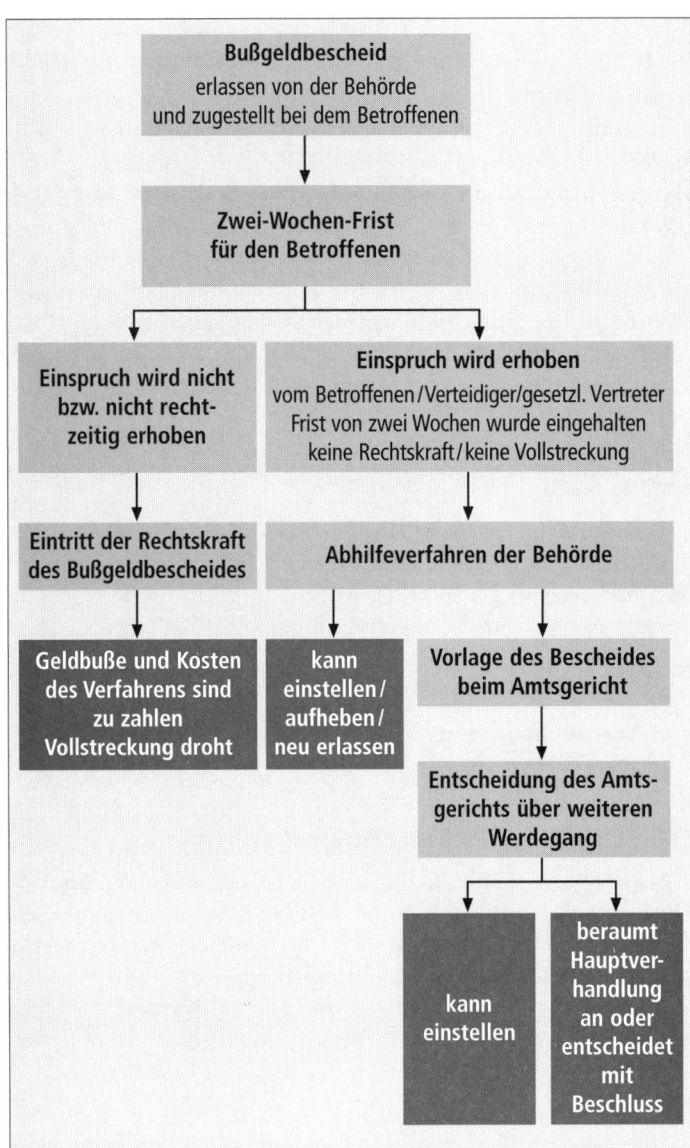

Abb. 4: Einspruch im Ordnungswidrigkeitenverfahren

BVerfG NJW 2005, 814). Das Unterzeichnen mit Faksimile-Stempel ist möglich und ebenso die Schriftsatzübermittlung per Telefax (siehe Kap. 3 I. 4 b).

Das Sendeprotokoll des Faxes weist den Zugang bei Gerichtsschriftsätzen nach. Zweifel an der Fristeinhaltung wirken sich zugunsten desjenigen aus, der die Frist zu wahren hat; BGH NJW 1960, 2202; AG Rudolstadt NJW 2004, 2839. Hat der den Einspruch Einlegende alles dafür getan, dass der Schriftsatz bis 24.00 Uhr am Empfängergerät bei Gericht eingegangen sein muss (vollständige Nummerneingabe ins Fax und nach normalen Umständen Abschluss der Übermittlung bis 24.00 Uhr), so dürfen ihm z. B. Störungen des Empfangsgerätes des Gerichts durch defekte Geräte nicht zur Last gelegt werden.

c) Frist

Der Einspruch muss innerhalb von zwei Wochen ab Zustellung des Bescheides bei der Ausgangsbehörde eingehen. Die Frist berechnet sich nach den §§ 42, 43 StPO, wobei auf das Erörterte zum Einspruch gegen des Strafbefehl verwiesen werden kann (Kap. 3 I. 4 c).

> ### Achtung!
> Die Frist ist nur gewahrt, wenn der Einspruch bis zum letzten Fristtag, 24.00 Uhr eingegangen ist.

Die Zustellung des Bescheides muss wirksam erfolgt sein.

Der Betroffene kann auf die normalen Postlaufzeiten vertrauen. Wird erheblich verzögert an die Behörde zugestellt, etwa weil der Einspruch bei der Post kurzzeitig nicht auffindbar war, so ist **Wiedereinsetzung in den vorigen Stand** zu gewähren. Dies gilt auch bei Feiertagen; BVerfG, Beschluss vom 11. 11. 1999, Az. 1 BvR 762/99; BGH, Beschluss vom 23. 8. 2008, Az. XII ZB 155/07. Mittlerweile kann man gegen ein Entgelt bei der Post auch garantierte Zustellzeiten wählen.

Wiedereinsetzung in den vorigen Stand wegen Fristversäumnis wird auch gewährt, wenn wirksam durch Niederlegung zugestellt wurde und der Beschuldigte unverschuldet die Frist versäumte. Falls der Beschuldigte während der Frist der Niederlegung nicht die Initiative und nicht sofort geeignete Maßnahmen zum Erlangen des Bescheides ergreift, kann er keine Wiedereinsetzung verlangen; BVerfG 31, 338; BFH LSK 2004, 160145. Dies wird sogar angewandt, wenn der Beschuldigte erst am letzten Tag der Frist davon erfährt.

Ausländer haben im Bußgeldverfahren keinen Anspruch auf Zustellung in der Muttersprache. Denn die Verfahren sind nach § 184 GVG in deutscher Sprache durchzuführen. Das gilt für das gesamte Verfahren, also auch für die Abfassung des Einspruchs in deutscher Sprache. Versäumt der Ausländer durch die Wahl seiner Muttersprache die Einspruchsfrist, kann lediglich Wiedereinsetzung gewährt werden. Jedoch nur unter der Voraussetzung, dass die ausländische Person nach Kenntnis des deutschen Schreibens alsbald tätig geworden ist. Hinsichtlich Wiedereinsetzungsmöglichkeiten für Ausländer kann auf die Entscheidung des BVerfG (NJW 1991, 2208) verwiesen werden. Im gerichtlichen Verfahren sind im Rahmen des Gebots des fairen Verfahrens Ausländern Dolmetscher zur Seite zu stellen, § 185 GVG. Deren Kosten dürfen Ihnen zudem nicht auferlegt werden.

d) Einspruchsberechtigte

- der Betroffene, solange er verhandlungsfähig ist (das Alter ist nicht entscheidend)
- die gesetzlichen Vertreter, § 298 Abs. 1 StPO i. V. m. § 67 Abs. 1 S. 2 OWiG
- der Verteidiger, jedoch nur mit ausdrücklichem Willen des Beschuldigten, § 297 Abs. 1 StPO i. V. m. § 67 Abs. 1 S. 2 OWiG.

Ein gegen den Willen des Betroffenen eingelegter Einspruch ist unwirksam und die Rechtskraft des Bescheides tritt nach Fristablauf ein; OLG Karlsruhe DAR 2002, 86.

e) Empfänger

Der Einspruch ist zwingend an die den Bescheid erlassende Verwaltungsbehörde zu richten. Wird der Einspruch an die falsche Behörde geschickt, wird die Frist dadurch nicht gewahrt; BVerfGE 57, 117. Der Bescheid muss dazu genau gelesen werden.

Teilt die erlassende Behörde eine andere Adresse in der Einspruchsbelehrung mit, so handelt es sich dennoch um die gleiche Behörde. Der Einspruch ist dann fristwahrend an die in der Einspruchsbelehrung benannte Adresse zu richten.

f) Beschränkungsmöglichkeit

Der Einspruch kann ohne jede Einschränkung gegen den gesamten Bescheid erfolgen oder auch auf einzelne Beschwerdepunkte beschränkt werden, § 67 Abs. 2 OWiG. Das können unter anderem sein:

- die Höhe der Geldbuße
- die Kostenfolge
- der Rechtsfolgenausspruch insgesamt
- die unterlassene Anordnung der aufschiebenden Wirkung nach § 25 Abs. 2a StVG bei der Vollstreckung des Fahrverbots.

Achtung!

Auf das im Bescheid verhängte Fahrverbot nach § 25 StVG allein kann der Einspruch nicht beschränkt werden. Denn die Geldbuße und das Fahrverbot stehen in Wechselwirkung zueinander. Sollte sich die Einwendung des Betroffenen hauptsächlich auf das Fahrverbot beschränken, so muss mit dem Einspruch wirksam auch die Geldbußenverhängung angegriffen werden.

g) Begründung/Beweisangebot/Nachweis der Einkommensverhältnisse

Wie beim Einspruch gegen den Strafbefehl bedarf es keiner Begründung. Gleichwohl kann das Gericht bei nicht getätigter Begründung mit Beweisanträgen das spätere Vorbringen gemäß § 77 Abs. 2 Nr. 2 OWiG ablehnen. Sogar im Fall des Freispruchs kann das Gericht anstelle der Kostenauferlegung für die Staatskasse die notwendigen Auslagen (Rechtsanwalt etc.) nach § 109a Abs. 2 OWiG dem freigesprochenen Betroffenen auferlegen.

Anders liegt der Fall nur:

- nach Verjährung der Tat bereits zum Zeitpunkt des Erlasses des Bußgeldbescheides

- bei erfolgter Einstellung des Verfahrens nach § 153 Abs. 2 StPO, auch wenn das Gericht in der Hauptverhandlung zu dem Schluss kam, der Beschuldigte sei in der Sache eigentlich tat- und schuldangemessen zu verurteilen gewesen; BVerfG NStZ 1992, 238; AG Hechingen, Urteil vom 7. 8. 2006, Az. 6 OWI 439 / 06

- nach Einlegung des Rechtsmittels (Berufung, Revision, Rechtsbeschwerde) konnte der Betroffene in der Sache selbst sein Ziel erreichen, wurde in der nächsten Instanz anders verurteilt. (in der Rechtsprechung allerdings umstritten); LG Göttingen StV 1991, 479; anderer Auffassung LG Hamburg NZV 1993, 205 oder

- versehentliche Unterlassung der Benachrichtigung des Beschuldigten von der angeordneten Einholungen eines Sachverständigengutachtens im Sinne des § 8 Abs. 1 GKG; AG Zschopau ZfS 1994, 422.

h) Überleitung ins Strafverfahren

Die Entscheidung über die Einlegung des Einspruchs ist sorgfältig zu prüfen. So manchen Rechtsanwaltskanzleien ist nicht bewusst, dass eine Überleitung ins Strafverfahren droht, wenn generell Einspruch eingelegt wird. Dann kann außer der Bewertung der Tat als Ordnungswidrigkeit auch noch zusätzlich die Einleitung des Strafverfahrens erfolgen.

Achtung!

Auch der Eintritt der Verjährung für die Ordnungswidrigkeit hindert die Überleitung ins Strafverfahren nicht. Da das Strafverfahren ersetzend für das Bußgeldverfahren wirkt, gelten nur noch die Verjährungsvorschriften der Straftatbestände. Die Ordnungswidrigkeit, die eigentlich verjährt wäre, ist dann im Strafverfahren ohne Berücksichtigung der Verjährung nach den Bußgeldvorschriften relevant.

BEISPIELE:
- Eine Straßenverkehrssache mit Verletzung Dritter wurde hinsichtlich der fahrlässigen Körperverletzung trotz Strafantrag des Geschädigten eingestellt und die Sache zur weiteren Verfolgung an die Bußgeldbehörde abgegeben
- Alkohol- und Drogenordnungswidrigkeiten nach § 24a StVG

Eine Einspruchsrücknahme kann das Bußgeldverfahren nicht mehr beenden, da es durch das Strafverfahren mit Überleitung ersetzt wird. Die Überleitung ins Strafverfahren kann im gerichtlichen Bußgeldverfahren zu jedem Zeitpunkt erfolgen; BGH ZfS 1988, 297; LG Berlin LSK 2009, 120166. Da der Bußgeldrichter eine vollumfängliche Prüfpflicht bei den Bußgeldsachen hat, kann er in ein Strafverfahren überleiten. Liegen Anhaltspunkte für eine Straftat vor, ist er sogar dazu verpflichtet. Dann gilt das Opportunitätsprinzip, d. h. die Wahlmöglichkeit der Behörde ob sie den Sachverhalt verfolgt, nicht mehr und es droht die Verurteilung wegen einer Straftat. Geregelt wird die Überleitung in § 81 OWiG.

Die Überleitung erfolgt mit dem richterlichen Hinweis der Erweiterung des Verurteilungs- und Verteidigungsrahmens nach § 265 StPO. Dem Beschuldigten muss dazu keine Gelegenheit zur Stellungnahme gegeben worden sein.

Aber!

Kann die Straftat nicht nachgewiesen werden und ist die Ordnungswidrigkeit bereits verjährt, hat das Gericht insgesamt freizusprechen; KG DAR 2004, 459.

6. Formulierungsbeispiele

Vollumfänglicher Einspruch

Frau Maxi Mustermann, Musterstrasse 6, 01234 Musterhausen
Einschreiben / Rückschein
An das
Amtsgericht Oschatz
Brüderstrasse 5
04758 Oschatz
Aktenzeichen:
Musterhausen, den ...

Einspruch

Mit diesem Schreiben lege ich gegen den Strafbefehl vom 1. 1. 2010, zugestellt am 15. 2. 2010 Einspruch ein.
Begründung (nicht erforderlich):
Am 28. 2. 2009 gegen 17.00 Uhr war ich gar nicht bei der Geschädigten, um Geld zu entwenden. Vielmehr besuchte ich die Geschädigte an diesem Tag um 14.00 Uhr mit meinem Mann Max Mustermann. Geld habe ich weder genommen noch erhalten. Zu dieser Zeit kam auch gerade die Nachbarin von Elfriede Musterhaus vorbei.
Maxi Mustermann

Einspruch beschränkt auf die Rechtsfolgen

Frau Maxi Mustermann, Musterstrasse 6, 01234 Musterhausen
Einschreiben / Rückschein
An das
Amtsgericht Oschatz
Brüderstrasse 5
04758 Oschatz
Aktenzeichen:
Musterhausen, den ...

Einspruch

Mit diesem Schreiben lege ich gegen den Strafbefehl vom 1. 1. 2010, zugestellt am 15. 2. 2010, beschränkten Einspruch ein. Der Einspruch wird ausdrücklich beschränkt auf die Rechtsfolgen.

Begründung (nicht erforderlich):
Seit fünf Jahren erhalte ich Erwerbsunfähigkeitsrente in Höhe von € 300,00 monatlich. Aufgrund dieser niedrigen Rente kann ich die Geldstrafe in der Höhe der Tagessätze nicht nachvollziehen. Wenn ich täglich € 10,00 zur Verfügung habe (= € 300,00 im Monat [30 Tage]), kann doch meine Tagessatzhöhe nicht € 30,00 betragen. Den Rentenbescheid lege ich in Kopie bei.
Maxi Mustermann

II. Zwischenverfahren/Abhilfeverfahren

1. Bedeutung

Das Abhilfeverfahren ist das Zwischenverfahren nach § 69 OWiG, bei dem die den Bußgeldbescheid erlassende Verwaltungsbehörde den Bescheid nochmals auf den Einspruch des Betroffenen hin kontrolliert. Die Verwaltungsbehörde soll zur Entlastung der Staatsanwaltschaften und der Gerichte Selbstkontrolle mit Aufklärungspflicht üben. Sie hat jeden Bescheid auf genügend Sachverhaltsermittlung i. S. d. vollständigen Aufklärung und Rechtmäßigkeit hin zu überprüfen. Insbesondere hat sie zu prüfen, ob die Ermittlungen ausreichen, den Betroffenen mit den vorhandenen Beweismitteln zu überführen. Zudem prüft die Verwaltungsbehörde die Zustellung des Bescheides und den Eingang des Einspruchs hinsichtlich der Fristen.

2. Form der Verwaltungsentscheidung

Die Verwaltungsbehörde verwirft den unzulässigen Einspruch durch Bescheid oder nimmt den angegriffenen Bescheid zurück. Die Entscheidungen ergehen in Schriftform, wobei die Rücknahme sogar formlos schriftlich möglich ist. Ist der Einspruch unbegründet, d. h. weder tatsächlich noch rechtlich für die Entscheidung der Verwaltungsbehörde von Bedeutung, wird das Verfahren per Verfügung an die Staatsanwaltschaft abgegeben.

Diese verfügt entweder die Einstellung durch Beschluss, eine weitere Ermittlung oder die Vorlage beim Amtsgericht.

3. Ablauf

Hat der Einspruch Mängel, wie verspätete Einlegung oder fehlende Unterschrift auf dem Einspruch, so kann die Verwaltungsbehörde den Einspruch als unzulässig verwerfen. Dagegen kann der Betroffene Antrag auf gerichtliche Entscheidung bei dem für das Einspruchsverfahren zuständige Gericht nach den §§ 62, 68 OWiG stellen.

Soweit der Einspruch zulässig eingelegt wurde, prüft die Verwaltungsbehörde, ob Aufrechterhaltung oder Abhilfe durch Rücknahme des Bußgeldbescheides erfolgt. In der Praxis werden recht wenige Bußgeldbescheide zurückgenommen. Zieht die Verwaltungsbehörde die Rücknahme in Betracht, wird häufig der Betroffene aufgefordert, sich zu äußern und Entlastungstatsachen und Beweise vorzubringen.

Zwar ist nur der gerade geschilderte Fall der Rücknahme nach Einsprucheinlegung im Gesetz normiert. Jedoch ist nach einer Meinung (BayObLG VRS 62, 475) die Rücknahme des Bußgeldbescheides zumindest bei sachlichen Fehlern oder Verletzung erheblicher Verfahrensvorschriften, wie der unterlassenen Anhörung, auch ohne Einspruchseinlegung und auch nach Zustellung des Bußgeldbescheides zulässig.

Eine teilweise Rücknahme des Bußgeldbescheides ist unzulässig. Allerdings kann die Verwaltungsbehörde den Bescheid ganz zurücknehmen und neu erlassen.

Achtung!

Ist aus dem Einspruch erkennbar, dass nur eine Zahlungserleichterung und Ratenzahlung begehrt wird, kann die Verwaltungsbehörde eine solche erlassen. Sie muss dennoch dem Betroffenen Gelegenheit zur Stellungnahme geben, ob der Einspruch danach noch aufrechterhalten wird.

Nach Rechtskraft des Bußgeldbescheides ist die Rücknahme ausgeschlossen. Nur wenn er nichtig ist, darf er zum Zweck der Rechtsklarheit zurückgenommen werden. Das ist nur in ganz extremen Fällen möglich.

> **BESIPIEL für eine Rücknahme des Bußgeldbescheides:** Wenn die Bußgeldbehörde offensichtlich unzulässige Rechtsfolgen wie Ersatzfreiheitsstrafe aus dem Strafrecht anordnet; BVerfGE 22, 49.

Nimmt die Verwaltungsbehörde den Bußgeldbescheid aufgrund des Einspruchs nicht zurück, werden die Akten an die zuständige Staatsanwaltschaft gemäß § 69 Abs. 3 OWiG versandt. Sobald die Akten bei der Staatsanwaltschaft sind, wird diese die zuständige Verfolgungsbehörde. Sie kann das Verfahren nach § 69 Abs. 4 OWiG einstellen oder eigene Ermittlungen anstrengen und die Akten dem Amtsgericht zur Prüfung vorlegen. Sie prüft den hinreichenden Tatverdacht, kann aber selbst den Bescheid nicht zurücknehmen. Nach Abgabe an die Staatsanwaltschaft entscheidet ausschließlich das Amtsgericht über den weiteren Fortgang und eventuelle Einstellungen im Wege des Beschlusses oder des Urteils. Die Verfahrenseinstellung wird aufgrund der (einschränkenden) Verweisung in § 46 Abs. 1 OWiG durch die StPO geregelt.

4. Gesetzliche Grundlagen

§ 62 OWiG i. V. m. § 69 OWiG.

5. Formulierungsbeispiele

> „Der Einspruch **gegen den Bescheid vom ... wird als unzulässig verworfen."**
> „Der am ... erlassene Bußgeldbescheid **wird als unwirksam angesehen."**
> „Der am ... erlassene Bußgeldbescheid **wird zurückgenommen."**

III. Gerichtsverfahren

Das Gericht kann nach Einspruchseinlegung auf zwei Arten reagieren. Entweder es bestimmt einen Termin zur Hauptverhandlung oder entscheidet ohne Hauptverhandlung durch Beschluss.

1. Ablauf

a) Beschlussverfahren

Unabhängig von der Höhe der Geldbuße im Bußgeldbescheid kann das Amtsgericht nach § 72 OWiG durch Beschluss entscheiden. Das gilt sogar bei Fahrverboten. Diese Art der Entscheidung kommt nur dann in Frage, wenn der Sachverhalt auch ohne mündliche Verhandlung ausermittelt ist.

> **BEISPIEL:** Täterschaft und Tatvorwurf haben sich in zeitlicher Hinsicht durch einen Fahrtenschreiber eindeutig ermitteln lassen und die Beteiligten (Arbeitgeber, Fahrer) haben sich geständig eingelassen. Gleichwohl liegt nach dem Fahrtenschreiberblatt nur eine Tatbestandsverwirklichung vor, statt wie im Bußgeldbescheid beschrieben drei tatmehrheitlichen Verletzungen.

Der Gerichtsbeschluss muss durch das Gericht nicht begründet werden, wenn die Beteiligten darauf verzichten.

> **Achtung!**
>
> Ob das Gericht der im Einspruch vertretenen Auffassung folgt, kann man erfahren, wenn man eine Entscheidung im Beschlussweg anregt. Verknüpft man diese Anregung z. B. mit der Bedingung, den Bußgeldbescheid nach Auffassung des Betroffenen abzuändern und bestimmt das Gericht dennoch einen Termin zur Hauptverhandlung, kann man von unterschiedlichen Auffassungen ausgehen. So kann auch der juristische Laie erfahren, ob das Gericht aufgrund seines Einspruchs aufhebt, einstellt, beschließt oder Hauptverhandlung anberaumt.

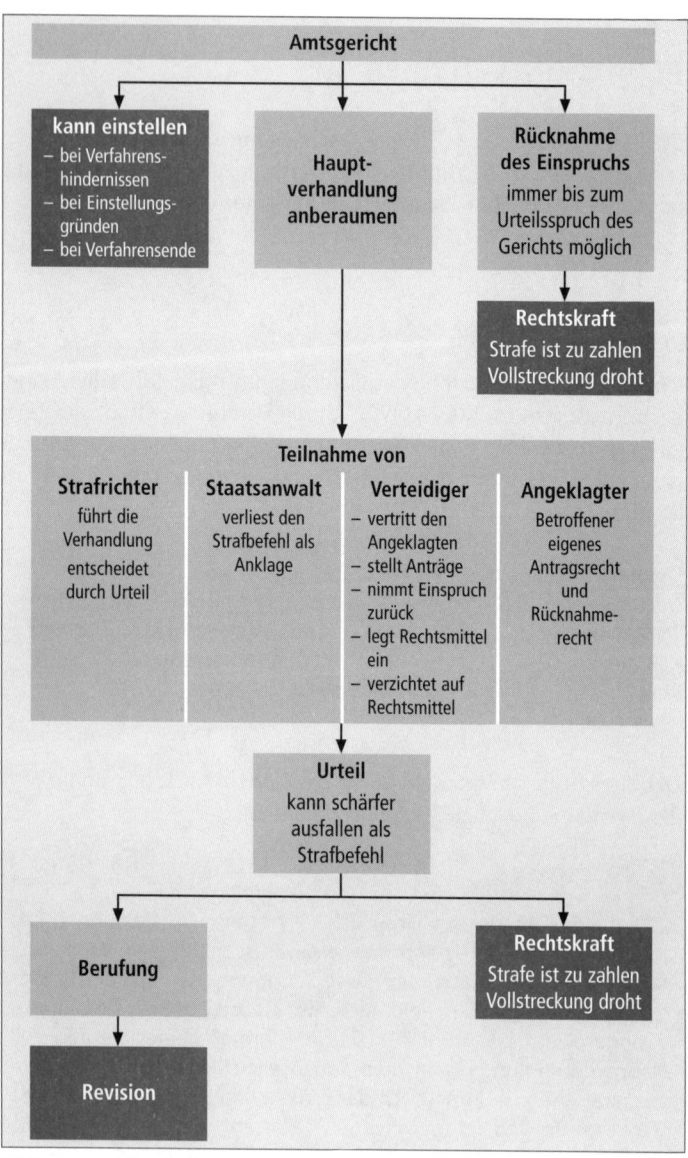

Abb. 5: Gerichtsverfahren 1

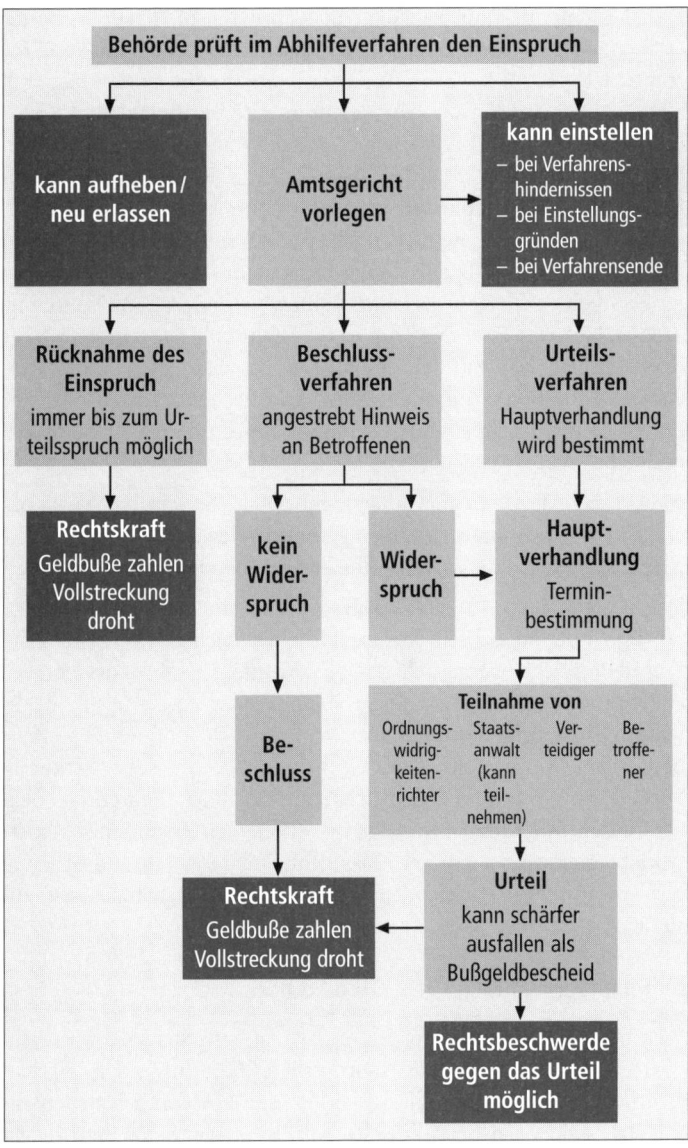

Abb. 6: Gerichtsverfahren 2

Das Gericht muss ausdrücklich den Hinweis an den Betroffenen erteilen, dass er gegen die Beschlussentscheidung ein Widerspruchsrecht nach § 72 Abs. 1 S. 2 OWiG hat. Der Hinweis an den Betroffenen, nicht zwingend an den Rechtsanwalt, ist nach dem Verwaltungszustellungsgesetz förmlich zuzustellen und mit der vollständigen Belehrung zu verknüpfen, dass dann die Rechtsbeschwerde als Rechtsmittel ausgeschlossen ist. Somit kann die Rechtsbeschwerde gegen den Gerichtsbeschluss nach § 72 OWiG nie darauf gestützt werden, dass der Widerspruch das Gericht an seiner Entscheidungsmöglichkeit durch den Gerichtsbeschluss gehindert hat. Das ist eine Zulässigkeitsvoraussetzung für das Verfahren. Hat der Betroffene oder sein Rechtsanwalt den Beschluss selbst angeregt, sind der Hinweis und die Belehrung nicht nötig. Die Rechtsbeschwerde ist nur innerhalb der abschließenden Voraussetzungen der §§ 79, 80 OWiG möglich.

Äußert sich der Betroffene nicht, muss das Gericht das Vorliegen eines vorher vom Betroffenen eingelegten Widerspruchs prüfen, ehe eine stillschweigende Einverständniserklärung angenommen wird.

Der **Widerspruch** ist vom Betroffenen oder dessen Rechtsanwalt zu erklären und muss nicht ausdrücklich als solcher bezeichnet sein. Vielmehr reicht, wenn sich aus dem Kontext ergibt, dass der Betroffene das Beschlussverfahren ablehnt oder eine für ihn nachteilige Behauptung bestreitet. Den Widerspruch kann der Betroffene bereits vor Anfrage des Gerichts bekannt geben, sogar schon in Verknüpfung mit dem Einspruchsschreiben oder theoretisch sogar telefonisch. Allerdings muss der Betroffene den Zugang des Widerspruchs nachweisen können. Das geht, indem er zumindest vorab per Fax mit Faxbericht oder einem anderen Zustellnachweis zustellt.

b) Hauptverhandlung/Urteilsverfahren

Wenn der Beschlussweg ausgeschlossen ist, entscheidet das Gericht durch Urteil und führt die Hauptverhandlung durch. Das Gericht eröffnet die Hauptverhandlung, verliest den Vorwurf gegebenenfalls mit Beteiligung der Staatsanwaltschaft. Es erfragt beim Betroffenen Personalien, gibt ihm die Gelegenheit, sich zum Sachverhalt zu äußern und eröffnet die Beweisaufnahme. Sodann plädieren die Staatsanwaltschaft und der Verteidiger. Das letzte Wort gehört dem Betroffenen. Danach erfolgen die Beratungen des Gerichts und die Urteilsverkündung.

Dazwischen gibt es verschiedene Schwierigkeiten; auf die wichtigsten wird im Folgenden eingegangen.

Der Betroffene ist gemäß § 73 Abs. 1 OWiG zum Erscheinen in der Hauptverhandlung verpflichtet. Er kann jedoch von der Teilnahme auf einen gesonderten Antrag hin entbunden werden. Dafür muss er sich entweder schon zur Sache geäußert oder bereits erklärt haben, er werde sich auch in der Hauptverhandlung nicht äußern und seine Anwesenheit ist zur Aufklärung der Sache nicht zwingend nötig. Dann – und nur dann – hat der Betroffene Anspruch auf Entbindung von der Hauptverhandlung. Dem Gericht steht kein Ermessen bei der Entscheidung zu. Die Ablehnung dieses Antrages ist nur dann unwirksam, wenn sie an schwerwiegenden Mängeln leidet. Hat der Betroffene sich noch nicht geäußert und verweigert dies auch nicht endgültig oder ist die Sachaufklärung noch nötig, so ist eine Ablehnung des Entbindungsantrages wirksam und kaum revisonsrechtlich zu beanstanden. Die Überprüfung dieses Antrages kann in der Revision als Verfahrensrüge mit der Begründung erfolgen, dass die Verwerfung des Einspruchs im Rechtsbeschwerdeverfahren unzulässig war.

> **Achtung!**
>
> Der Entbindungsantrag ist formlos, unbefristet und nach herrschender Auffassung auch noch bis zum Beginn der Hauptverhandlung stellbar. Der Entbindungsantrag betrifft immer nur tageweise eine bestimmte Hauptverhandlung. Sind also mehrere Hauptverhandlungstage nötig, muss jeweils gesondert für jeden einzelnen Tag Entbindung beantragt werden.
> Fehlt der Betroffene entschuldigt, darf die Hauptverhandlung nicht durchgeführt werden; OWiG-Kommentar, Senge, § 74 Rn. 24 f. Sie wird vertagt.

Fehlt der Betroffene entschuldigt und ist durch einen sachkundigen (aufgrund vorheriger Sachbesprechung) Verteidiger vertreten, wird verhandelt. Sonst kann Vertagung beantragt werden.

Sofern der Betroffene wegen eines unabänderlichen, plötzlichen Ereignisses (z. B. Unfall, Todesfall eines nahen Angehörigen, eigene Festnahme des Betroffenen aus anderen Gründen etc.) an der Teilnahme an der Hauptverhandlung oder an der rechtzeitigen Unterrichtung seines Verteidigers gehindert war, kann Vertagung beim Gericht mit dem Ergebnis eines neuen Hauptverhandlungstermins beantragt werden. Frühere Vernehmungen oder Erklärungen des Betroffenen werden verlesen. Der Einspruch darf nicht verworfen werden.

Fälle für entschuldigtes Fehlen sind:

- Erkrankungen, welche die Anwesenheit als unzumutbar erscheinen lassen (nicht erst im Fall der Verhandlungsunfähigkeit)

- wichtige andere berufliche Termine

- fehlerhafte Ladung und Belehrung zur Anwesenheitspflicht des Betroffenen

- Panne oder Stau bei der Fahrt zum Termin (die Verspätung wurde mitgeteilt).

Fehlt der Betroffene unentschuldigt und war vom Erscheinen nicht entbunden und/oder ist nur sein Verteidiger anwesend, so ist der Einspruch ohne Verhandlung durch Urteil zu verwerfen.

Das Urteil des Gerichts muss bei der Rüge, dass die Anordnung der Anwesenheitspflicht des Betroffenen nicht notwendig war, sich ausführlich dazu äußern. Ansonsten reicht eine pauschalierte Begründung in der Anordnung zur Entbindung von der Anwesenheitspflicht aus. Die Rüge der nicht nötigen Anwesenheitspflicht des Betroffenen hat hingegen genaue Ausführungen zu enthalten, warum der Betroffene für die Gerichtsnetscheidung nicht in der Hauptverhandlung gebraucht wird. Die Rüge des Betroffenen oder seines Verteidigers hat bis zum Schluss der Hauptverhandlung zu erfolgen. Sie zwingt das Gericht sich mit der Anwesenheitspflicht zu befassen und kann ggf. im Rechtsbeschwerdeverfahren verwertet werden.

Wiedereinsetzungsantrag: Gemäß § 74 Abs. 3 OWiG hat der Betroffene die Möglichkeit, gegen die Entscheidung des Gerichts Wiedereinsetzungsantrag in den vorigen Stand wie bei der unverschuldeten Versäumung einer Frist zu stellen.

Der Antrag kann innerhalb einer Woche ab Zustellung des den Einspruch verwerfenden Urteils gestellt werden.

2. Beweisangebote, Beweisführung

Das Bußgeldverfahren wird im Vergleich zum Strafverfahren wesentlich durch die Vorschriften der §§ 77, 77a OWiG geprägt.

Es gilt der Grundsatz der Aufklärungspflicht von Amts wegen. Auch ohne Beweisanträge muss das Gericht Anstrengungen zur Ermittlung der Wahrheit unternehmen. Allerdings hat das Gericht dabei die Bedeutung der Sache zu berücksichtigen. Bei schwierigen Sachverhalten führt das Gericht eher eine umfangreiche Beweisaufnahme durch als bei Bagatellsachen.

Der Ablauf der Beweisaufnahme folgt bis auf die gesonderten Regelungen zum Ablauf der Einspruchsverhandlung (§ 77 Abs. 2 und 3 OWiG) im Wesentlichen dem Strafbefehlsverfahren.

Der Betroffene muss weder mitwirken, noch ist er darlegungs- und beweisbelastet.

Das Gericht muss ohne Antrag des Betroffenen oder dessen Verteidigers nicht auf die präsenten Beweismittel zugreifen (z. B. Tachoscheibe in der Akte; mitgebrachte, vom Gericht nicht geladene Zeugen), da es den Umfang der Beweisaufnahme bestimmt und die Bedeutung der Sache berücksichtigt. Auch gibt es keine Möglichkeit der kommissarischen Vernehmung des Betroffenen. D. h., er darf nicht durch einen anderen Richter an einem anderen Ort vernommen werden. Dies kann auch nicht in die Verhandlung eingeführt werden.

Entsprechend dem Strafverfahren entscheidet das Gericht aus dem Inbegriff der Hauptverhandlung, also über alles, was zur Entscheidungsfindung in die Hauptverhandlung eingeführt wurde. Sonst wird das Urteil bei Nichtverwertung aller Beweismittel und Bedeutung für die Sache mit der Rechtsbeschwerde angreifbar. Da sind u. a.

- Verlesungen von Urkunden

- Inaugenscheinnahme, z. B. die Berücksichtigung von Radarfotos, Videodistanzaufzeichnungen etc.

Die Beweisaufnahme ist zu protokollieren, da sonst wegen der sog. negativen Beweiskraft des Protokolls (Was nicht drin steht wurde nicht erörtert/angesehen.) nach § 261 StPO das Urteil des Gerichts angreifbar ist. Das Gericht darf nicht bloß aus dem Akteninhalt und dem Bußgeldbescheid heraus entscheiden, sondern ausschließlich aus dem Inbegriff der Hauptverhandlung. D. h., es darf erst nach Absolvierung einer Hauptverhandlung seine Entscheidung treffen.

Das Gericht kann Ortstermine veranlassen. Dies passiert häufig bei Unfallsachen. Wird dort nicht nur bloß eine Inaugenscheinnahme durchgeführt, sondern auch verhandelt, muss das Gericht vorher einen Aushang an der Gerichtstafel veranlassen. Sonst ist das Urteil wegen Verletzung der Öffentlichkeit aufhebbar. Die Verfahren müssen also i. d. R. im Schaukasten vor der Verhandlungstür als öffentliche Verhandlungen gekennzeichnet sein. Manchmal steht vom Vortrag noch das Zeichen „nichtöffentliche Verhandlung". Geschieht unter diesem Aushang die Verhandlung, kann niemand der Nichtbeteiligter (z. B. Zuschauer, Presse) das Verfahren verfolgen. Dann ist die Öffentlichkeit verletzt.

Geständnisse und Identitätsfeststellungen obliegen ausschließlich dem Tatrichter. Er muss den Betroffenen in der Verhandlung mit der auf dem Radarfoto gezeigten Person in Einklang bringen. Die Entscheidung, die in jüngster Vergangenheit die Verwendung von Radarfotos einschränkte, wurde nunmehr in fast jedem Bundesland wieder relativiert. Die Radarfotos werden in der Verhandlung zum Abgleich mit der betroffenen Person verwendet.

Erscheinen ordentlich geladene Zeugen nicht zur Verhandlung, so hat das Gericht deren Erscheinen selbst (Ordnungsmittel etc.) herbeizuführen oder zu klären, ob der Betroffene auf die Vernehmung der Zeugen verzichten will.

> **Achtung!**
>
> Alle dem Betroffenen in der Ladung nicht angezeigten Beweismittel sind bei Einführung in die Hauptverhandlung unzulässig, d. h. unverwertbar.
> Etwas anderes gilt nur für die Bundeszentral- und Verkehrszentralregisterauszüge.

Die richterliche Aufklärungspflicht nach § 77 Abs. 1 OWiG bestimmt sich nach dem freien Ermessen des Gerichts. Dabei wertet das Gericht die Reichweite und Überzeugungskraft der Beweisergebnisse.

Beweisanträge des Betroffenen können nach §§ 77, 46 OWiG i. V. m §§ 244 Abs. 2, Abs. 3 StPO abgelehnt werden und zwar in allen Fällen des:

- **§ 244 Abs. 3 StPO, wenn:**
  - die Beweiserhebung unzulässig
  - die Beweiserhebung wegen Offenkundigkeit überflüssig
  - die zu beweisende Tatsache ohne Bedeutung für die Entscheidung oder schon erwiesen
  - das Beweismittel völlig ungeeignet oder unerreichbar ist
  - der Beweisantrag zum Zweck der Prozessverschleppung gestellt wurde oder
  - die erhebliche Behauptung zur Entlastung des Angeklagten so behandelt werden kann, als wäre sie wahr.

- **§ 77 Abs. 2 Nr. 1 OWiG, wenn:** nach Ausübung des pflichtgemäßen Ermessens die Beweiserhebung zur Wahrheitserforschung nicht erforderlich ist. Zwingende Voraussetzung dafür ist aber, dass eine Beweisaufnahme schon stattgefunden hat, welche zu einem verlässlichen Ergebnis führte.

- **§ 77 Abs. 2 Nr. 2 OWiG, wenn:** der Beweisantrag ohne ersichtlichen, verständlichen Grund so verspätet vorgebracht wurde, dass dadurch die Aussetzung der Hauptverhandlung nötig wäre. Damit soll die Benutzung von Beweisanträgen zur Verlängerung des Verfahrens im Sinne der Prozessverschleppung unterbunden werden.

Die Ablehnung des Beweisantrages ist zumindest kurz zu begründen.

Nach § 77a OWiG ist zudem die vereinfachte Beweisaufnahme zulässig. Jedoch ist das praktisch nicht von Bedeutung, weil dafür in der Hauptverhandlung der anwesende Betroffene und sein Verteidiger zustimmen müssten. Würde nur das vereinfachte Verfahren zugelassen, wäre der Inbegriff der Hauptverhandlung verletzt, weil niemand weiß, ob Zeugen etc. in der Verhandlung auch wirklich ggf. unter Eid das aussagen, was sie vorher äußerten. Sind beide, der geladene Betroffene und der Verteidiger, nicht anwesend, kann ohne vorherige Belehrung oder Aufführung der Beweismittel im vereinfachten Verfahren verhandelt werden. Dies wird damit begründet, dass sich beide durch ihre Anwesenheit das vereinfachten Verfahren sperren können. Nutzen sie das nicht, ist das deren Entscheidung.

Achtung!

Unzulässige Ablehnungen des Beweisantrages sind erst dann mit der Rechtsbeschwerde angreifbar, wenn der ablehnende Gerichtsbeschluss verkündet und die Aufklärungsrüge erhoben wird. Dies muss so im Hauptverhandlungsprotokoll protokolliert sein, §§ 244 Abs. 6, 274 StPO.

---

3. Einstellung des Verfahrens, Opportunitätsprinzip

Im Gegensatz zum Strafverfahren ist die Bußgeldbehörde nicht verpflichtet, jeden Verstoß zu ahnden. Das bezeichnet man als sog. Opportunitätsprinzip. Die Verfolgungsbehörde muss hierüber lediglich nach pflichtgemäßem Ermessen entscheiden. Aus diesem Grund bedarf es der Anwendung der Einstellungsvorschriften für Strafverfahren gemäß der §§ 153 ff., 154 f StPO gar nicht erst. Begründet liegt der absolute Gegensatz zum Verfolgungszwang im

Strafverfahren wohl darin, dass Ordnungswidrigkeiten Verstöße gegen die Rechtsordnung mit weniger Unrechtsgehalt sind. Insbesondere ist ein Absehen von der Verfolgung geboten, wenn die Aufklärung der Sachlage nur mit unverhältnismäßig hohen Mitteln erreicht werden kann. Gleiches gilt für die Feststellung der Rechtslage oder die Verantwortlichkeit des Täters. § 40 OWiG ermöglicht unter Hinzuziehung der Vorschriften der StPO auch die Einstellung von Ordnungswidrigkeit und Straftat, wenn sie dieselbe Tat darstellen (z. B. ein alkoholisierter Diplomat verursacht einen Unfall, er darf aber wegen seiner bestehenden Immunität nicht belangt werden). Es ergeht dann meist eine einheitliche Einstellungsverfügung der Staatsanwaltschaft. Möchte die Verwaltungsbehörde dennoch die Ordnungswidrigkeit verfolgen, muss sie die Zustimmung der Staatsanwaltschaft einholen.

Wird nur die Straftat eingestellt, kann die Staatsanwaltschaft die Ordnungswidrigkeit an die Verwaltungsbehörde zur Überprüfung der Ordnungswidrigkeit abgeben. Das gilt auch, solange die Sache noch nicht gerichtsanhängig ist, § 43 Abs. 1, Abs. 2 OWiG.

§ 47 OWiG ist Ausdruck des Opportunitätsprinzips. Das heißt, dass die jeweils zuständige Stelle nach pflichtgemäßem Ermessen einstellen kann. Im Fall des § 47 Abs. 1 OWiG ist das zunächst die Verwaltungsbehörde als Verfolgungsbehörde.

Im gerichtlichen Verfahren obliegt generell die Zuständigkeit für Entscheidungen (wie die Einstellung) dem Gericht. Die Einstellungsentscheidung mit Kostenentscheidung erfolgt durch unanfechtbaren Beschluss. Wünscht das Gericht die Einstellung nach § 47 Abs. 2 OWiG, so braucht es die Zustimmung der Staatsanwaltschaft. Betrifft die Geldbuße im Bußgeldbescheid einen Betrag von bis zu € 100,00 und hat die Staatsanwaltschaft im Vorfeld bereits erklärt, sie nehme an der Hauptverhandlung nicht teil, braucht die Zustimmung der Staatsanwaltschaft nicht eingeholt werden. Die Einstellung erfolgt, wenn das Gericht die Ahndung für nicht erforderlich hält. Es überprüft nicht das Ermessen der Verfolgungsbehörde, sondern entscheidet selbstständig im Rahmen des Opportunitätsprinzips. Eine Einstellung ist mit keinerlei Bedingung oder Auflage, z. B. der Zahlung eines Betrages an eine gemeinnützige Einrichtung, zu verknüpfen;

§ 47 Abs. 3 OWiG. Es ist falsch, die Vorschrift des § 153a StPO zur Einstellung unter Auflagen auf die Bußgeldvorschriften anzuwenden. Es gibt beim Ordnungswidrigkeitenverfahren nur die unbedingte Einstellung. Bedingung wie die Auflagenerfüllung innerhalb einer Frist sind unzulässig.

Für juristische Personen und Personenvereinigungen gelten die besonderen Vorschriften der §§ 30 Abs. 4, 88 Abs. 2 OWiG.

4. Verurteilung

Ist eine Entscheidung des Gerichts nach der Hauptverhandlung durch Beschluss nicht möglich, ergeht das Urteil mit Verkündung. Auf die Abfassung der Urteilsgründe kann nach § 77b OWiG dann verzichtet werden, wenn alle Anfechtungsberechtigten (Staatsanwaltschaft, Betroffener) auf die Rechtsbeschwerdeeinlegung verzichten oder die Frist dafür verstrichen ist. Entsprechendes gilt, wenn der Betroffene von der Hauptverhandlung entbunden war, vom Verteidiger vertreten wurde und nur eine Geldbuße von bis zu € 250,00 festgesetzt wurde. Ebenso ist zu verfahren, wenn die Staatsanwaltschaft mit vorher gestelltem Antrag auf Urteilsbegründung verzichtet hat.

Ist Urteilsbegründung geboten, so gilt in Anwendung des § 275 Abs. 1 S. 2 StPO die Frist zur Abfassung ab Verkündung des Urteils durch das Gericht von fünf Wochen. Sie ist bei mehreren Hauptverhandlungstagen verlängerbar.

5. Rechtskraft und deren Wirkung

Das Urteil wird rechtskräftig, wenn keine Rechtsbeschwerde eingelegt wurde oder nicht eingelegt werden konnte, §§ 79, 80 OWiG.

§ 84 OWiG normiert eindeutig die Sperrwirkung der Rechtskraft:

- in Abs. 1: Ist der Bußgeldbescheid rechtskräftig oder hat das Gericht über die Tat rechtskräftig entschieden, so kann die Tat nicht noch einmal verfolgt werden.

- in Abs. 2: Ist die Tat rechtskräftig als Ordnungswidrigkeit „abgeurteilt" worden, kann sie nicht mehr als Straftat verfolgt werden. Das Gleiche gilt für den Gerichtsbeschluss nach § 72 OWiG und den Beschluss des Beschwerdegerichts über die Tat als Ordnungswidrigkeit.

Um auf diese Weise u. U. entstehende Diskrepanzen zwischen tatsächlich begangener Tat und der Tat, über die (nur) entschieden wurde, zu lösen, gibt es auch hier die Möglichkeit der Wiederaufnahme des Verfahrens (§ 85 OWiG). Allerdings sieht der Gesetzgeber nur in bestimmten Fällen eine solche Durchbrechung der Rechtskraft vor (§ 85 Abs. 2 OWiG i. V. m. §§ 359 bis 373a StPO). Ist gegen den Betroffenen ein Bußgeldbescheid ergangen und wird er später zusätzlich im Strafverfahren wegen derselben Tat verurteilt, wird der Bußgeldbescheid aufgehoben, § 86 Abs. 1 OWiG. Bis dahin gezahlte Geldbeträge werden verrechnet. Er hat somit nur das Strafverfahren zu bezahlen.

6. Führungszeugnis, Verkehrszentralregister, Bundeszentralregister

Es wird auf die Ausführungen zum Strafbefehlsverfahren (siehe Kap. 1 X., XI.) verwiesen.

7. Gesetzliche Grundlagen

- StPO, OWiG
- das BZRG
- §§ 28 bis 30c StVG.

4. Kapitel

Rechtsmittelverfahren

I. Rechtsmittel gegen den Strafbefehl

Das Strafbefehlsverfahren ist ein reguläres Strafverfahren, bei dem Berufung, Revision oder Sprungrevision grundsätzlich möglich sind. Die Sprungrevision greift das Urteil ohne vorherige Berufung direkt an. Sie ist zur Vereinfachung des Verfahrens zugelassen, wenn es dem Beschwerdeführer nur auf die Klärung von Rechtsfragen ankommt. Rechtsmittel können sowohl der Beschuldigte als auch die Staatsanwaltschaft einlegen. Voraussetzung ist, dass der Strafbefehl ohne Rücknahme des Einspruchs in ein Urteil überführt wurde. Rechtsmittel können selbstverständlich auch der Verteidiger, Rechtsanwalt, gesetzliche Vertreter einlegen. Der Verteidiger muss dazu eine entsprechende ausdrückliche Vollmacht des Beschuldigten vorlegen. Gleiches gilt auch für die Zurücknahme des Rechtsmittels, welches sogar schon vor Ablauf der Einlegungsfrist zurückgenommen werden kann. Sollte das Rechtsmittel versehentlich falsch bezeichnet sein, ist das unschädlich. Es gilt hier das Verbot der Schlechterstellung, § 331 StPO. Der Verurteilte kann also im Berufungs- und Revisionsverfahren nicht zu einer höheren Strafe verurteilt werden als das erste Gericht entschieden hat.

Achtung!

Sowohl für Berufung als auch Revision gilt:
Wiedereinsetzungsanträge wegen versäumter Fristen hindern die Berufungs- und Revisionsfristen in ihrem Ablauf nicht. D. h., unabhängig vom Wiedereinsetzungsantrag sind zwingend die Einlegungs- und Begründungsfristen der Berufung und Revision einzuhalten, §§ 315, 342 StPO. Die Rechtsmittelfrist der Berufung oder Revision wird nur dann gewahrt, wenn entweder vorsorglich Berufung oder Revision eingelegt wurde oder sofort für den Fall der Verwerfung des Wiedereinsetzungsantrages der Berufungs- oder Revisionsantrag eingelegt und gegebenenfalls begründet wird. Anderenfalls kann die Berufungs- oder Revisionseinlegungsfrist bereits abgelaufen sein. Die Berufung oder Revision ist dann nicht mehr möglich.

1. Berufung

Berufung kann gegen alle Urteile des Strafgerichts eingelegt werden, § 312 StPO. Aus diesem Grund ist auch gegen das Urteil, welches nach dem Einspruch gegen den Strafbefehl ergeht, das Rechtsmittel der Berufung zulässig.

Entgegen der allgemeinen Meinung kann jedoch nicht jedes Urteil, welches aufgrund eines Einspruchs gegen den Strafbefehl ergeht, mit Berufung angegriffen werden. Unter Erfüllung der Voraussetzungen ist aber die Annahme der Berufung durch das Gericht der Regelfall. Einer Annahme bedarf es im Umkehrschluss aus § 313 Abs. 1 StPO nicht, wenn die Geldstrafe mindestens 15 Tagessätze beträgt oder die Verwarnung dazu mindestens 15 Tagessätze enthält. Die Staatsanwaltschaft kann zudem Berufung – ohne das Erfordernis der Annahme durch das Gericht – einlegen, wenn der Angeklagte freigesprochen oder das Verfahren eingestellt wurde und die Staatsanwaltschaft mehr als 30 Tagessätze beantragt hatte. Liegen die Voraussetzungen nicht wenigstens alternativ vor, bedarf es der Annahme durch das Gericht. Ist die Berufung nicht offensichtlich unbegründet, d. h. sie ist inhaltlich nicht geeignet, die erstinstanzliche Entscheidung in Frage zu stellen, wird die Annahme i. d. R. erfolgen. Offensichtlich unbegründet sind Berufungen und deren Anträge, wenn sie unter Verkennung aller bisherigen Fakten des erstinstanzlichen Gerichts eingelegt werden und es auch keine neuen Beweismittel gibt.

Achtung!

Nach § 323 Abs. 3 StPO sind neue Beweismittel im Berufungsverfahren zulässig.

Gemäß § 314 StPO muss die Berufung zumindest mit einem einzeiligen Brief an das Gericht der ersten Instanz innerhalb einer Woche ab Verkündung des Urteils eingelegt werden.

> Maxi Mustermann, Musterhausen
> An das
> Amtsgericht Oschatz
> Aktenzeichen:
> Musterhausen, den …
> **Berufung**
> **Mit diesem Schreiben lege ich gegen das Urteil des Amtsgerichtes Oschatz vom 1. 1. 2010, verkündet am 1. 1. 2010, Berufung ein.**
> Maxi Mustermann

Das Urteil gilt als verkündet, wenn es dem Angeklagten mündlich in der Verhandlung zur Kenntnis gegeben wird. Nicht zu verwechseln ist mit der Verkündung die Zustellung. Zustellung heißt, das Urteil wurde in schriftlicher Form dem Verurteilten zugesandt. Das Urteil muss zwingend innerhalb einer Woche – beginnend mit dem Tag der Verkündung – mit der Berufung angegriffen werden. Danach ist die Berufungseinlegung unzulässig. Die Einlegung muss bei dem Gericht erfolgen, welches in der ersten Instanz das Urteil sprach.

BEISPIEL: Hauptverhandlung und Urteilsverkündung am Donnerstag 25. 3. 2010;
Berufungseinlegung hat bis spätestens Donnerstag 1. 4. 2010, 24.00 Uhr zu erfolgen.

Zudem kann die Berufung in der Regel mit gesondertem Schriftsatz nach § 317 StPO begründet werden. In der Anwaltspraxis ist die Begründung der Berufung wegen der möglichen Beschränkung der Berufung auf bestimmte Teile eines Urteils gemäß § 318 S. 1 StPO unüblich. Denn hat der Betroffene sich nicht geäußert, so gilt das gesamte Urteilsverfahren als angefochten. Die Berufung ist, anders als im Zivilrecht, eine zweite vollständige Tatsacheninstanz.

Wird Berufung eingelegt (Einlegefrist: 1 Woche ab Verkündung), ist diese binnen einer Woche nach Ablauf der Einlegungsfrist zu begründen. Sollte das Urteil zu diesem Zeitpunkt noch nicht schriftlich zugestellt sein, beginnt die Frist erst mit Zustellung des Urteils zu laufen. Die Begründung kann per Schriftsatz oder zu Protokoll der Geschäftsstelle des Gerichts der ersten Instanz eingelegt werden. Die Beschränkung auf bestimmte Punkte des Urteils ist möglich.

> **BEISPIEL:** Hauptverhandlung und Urteilsverkündung am Donnerstag 25. 3. 2010;
> Berufungseinlegung hat bis spätestens Donnerstag 1. 4. 2010, 24.00 Uhr zu erfolgen.
> **Alternative 1:**
> Zustellung des Urteils am Dienstag den 30. 3. 2010;
> Berufungsbegründung hat bis Donnerstag 8. 4. 2010, 24.00 Uhr zu erfolgen.
> **Alternative 2:**
> Zustellung des Urteils am Dienstag den 20. 4. 2010;
> Berufungsbegründung hat bis Dienstag 27. 4. 2010, 24.00 Uhr zu erfolgen.

Die Rücknahme der Berufung durch die Erklärung der Verurteilten „Ich nehme das Urteil an" ist ein wirksamer, unanfechtbarer und unwiderruflicher Verzicht auf die Weiterführung des Berufungsverfahrens, unabhängig davon, ob der Verteidiger anwesend ist oder nicht. Die Erklärung entfaltet volle Beweiskraft, wenn dies durch vollständige Niederschrift, Verlesung und Genehmigung nach den §§ 274 Abs. 1, 273 Abs. 2 und 3 StPO protokolliert wurde; KG NZV 2003, 99; OLG München NStZ-RR 2010, 19.

Maxi Mustermann, Musterhausen
An das
Amtsgericht Oschatz
Aktenzeichen:
Musterhausen, den …

Berufungsbegründung

Mit vorgehendem Schreiben lege ich gegen das Urteil des Amtsgerichtes Oschatz vom 1. 1. 2010, verkündet am 1. 1. 2010, Berufung ein.

Es wird angeregt, dass das Urteil des Amtsgerichtes Oschatz vom 1. 1. 2010, Az.: … aufgehoben wird und der Angeklagte freizusprechen ist.

Dies wird nun wie folgt begründet: …

Maxi Mustermann

2. Revision

Die Revision ist die Anfechtung eines Urteils in rechtlicher, §§ 337 ff StPO, nicht aber tatsächlicher Hinsicht. D. h., es gibt keine neue Verhandlung mit Zeugenvernehmungen etc. (anders bei der Berufung). Statt die Schritte Urteil, Berufung, Revision zu absolvieren, kann auch gleich das erstinstanzliche Urteil mit der sog. Sprungrevision nach § 335 Abs. 1 StPO angegriffen werden. Diesen Weg sollte man nur wählen, wenn ganz offensichtlich rechtliche Fehler im Urteil passiert sind, dies im Protokoll nachgewiesen werden kann und das Urteil darauf beruht.

Zulässig ist die Revision nach § 333 StPO:

- gegen ein Urteil der Strafkammern
- im Strafbefehlsverfahren gegen das Berufungsurteil
- gegen ein Urteil der Schwurgerichte
- erstinstanzliche Verfahren der Oberlandesgerichte.

Eingereicht wird die Revisionsschrift bei dem Gericht, welches das vorgehende Urteil erließ, also dessen Urteil angefochten wird. Dies hat innerhalb einer Woche ab Urteilsverkündung zu geschehen. Wie bei der Berufung handelt es sich um eine Wochenfrist, § 341 Abs. 1 StPO. War der Angeklagte bei Verkündung nicht anwesend und ein ausdrücklich bevollmächtigter Verteidiger war ebenfalls nicht zugegen, so beginnt die Frist mit Zustellung, § 341 Abs. 2 StPO.

Maxi Mustermann, Musterhausen
An das
Landgericht Leipzig
- 2. Strafkammer -
Aktenzeichen:
Musterhausen, den ...
Revision
Mit diesem Schreiben lege ich gegen das Berufungsurteil des Landgerichtes Leipzig vom 1. 1. 2010, verkündet am 1. 1. 2010, Revision ein.
Maxi Mustermann

Nach der Revisionseinlegung ist die Revision **gesondert zu** begründen. § 344 StPO schreibt vor, das der Revisionsführer die Revision

- mit Anträgen zu versehen hat
- anzugeben hat, inwieweit er das Urteil anficht und
- zu begründen hat.

§ 344 Abs. 2 StPO beschreibt den notwendigen Aufbau der Begründung für die einzelnen Verfahrensrügen. D. h., es muss sich aus der Begründung die jeweilige Verfahrensrüge mit anzugebenden Tatsachennachweis und Beweisangebot die Einzelverletzung des Gesetzes konkret ergeben.

Die Frist zur Revisionsbegründung mit Anträgen wurde in § 345 Abs. 1 StPO auf einen Monat ab Ablauf der Frist zur Einlegung der Revision festgelegt. Wurde das Urteil dem Betroffenen bis dahin noch nicht zugestellt, so beginnt die Frist mit der Zustellung.

BEISPIEL: Hauptverhandlung und Urteilsverkündung des Berufungsurteils am Donnerstag 25. 3. 2010;
Revisionseinlegung hat bis spätestens Donnerstag 1. 4. 2010, 24.00 Uhr zu erfolgen. Die Revisionsbegründung hat bis Donnerstag 1. 5. 2010, 24.00 Uhr zu erfolgen.
Alternative:
Zustellung des Berufungsurteils am Montag dem 5. 4. 2010;
Revisionsbegründung hat bis Montag 5. 5. 2010 zu erfolgen.

> **Achtung!**
>
> Die Revisionsbegründung verlangt zur Wirksamkeit Verteidiger-
> bzw. Anwaltsschriftsatz und Unterzeichnung durch einen Rechts-
> anwalt. Anderenfalls kann aber auch die Protokollierung der Revi-
> sionsbegründung bei der Geschäftsstelle des vorgehend verurtei-
> lenden Gerichts erfolgen.

§ 338 StPO normiert die absoluten Revisionsgründe als Aufzählung
abschließend. Liegt ein solcher Revisionsgrund vor, muss nicht extra
begründet werden, dass das Urteil hierauf beruht.

Absolute Revisionsgründe liegen vor,

- wenn das erkennende Gericht nicht vorschriftsmäßig besetzt
  war. War nach § 222a StPO die Mitteilung der Besetzung vorgeschrieben, so kann die Revision auf die vorschriftswidrige Be-
  setzungen nur gestützt werden, soweit:
  - die Vorschriften über die Mitteilung verletzt worden sind
  - der rechtzeitig und in der vorgeschriebenen Form geltend
    gemachte Einwand der vorschriftswidrigen Besetzung über-
    gangen oder zurückgewiesen worden ist
  - die Hauptverhandlung nicht nach § 222a Abs. 2 StPO zur Prü-
    fung der Besetzung unterbrochen worden ist oder
  - das Gericht in einer Besetzung entschieden hat, deren Vor-
    schriftswidrigkeit es nach §§ 222 b Abs. 2 S. 2 StPO festgestellt
    hat.

Weitere absolute Revisionsgründe sind:

- wenn bei dem Urteil ein Richter oder Schöffe mitgewirkt hat, der
  von der Ausübung des Richteramtes kraft Gesetzes ausgeschlossen war
- wenn bei dem Urteil ein Richter oder Schöffe mitgewirkt hat,
  nachdem er wegen Besorgnis der Befangenheit abgelehnt wurde
  und das Ablehnungsgesuch entweder für begründet erklärt wurde
  oder mit Unrecht verworfen worden ist

- wenn das Gericht seine Zuständigkeit mit Unrecht angenommen hat

- wenn die Hauptverhandlung in Abwesenheit der Staatsanwaltschaft oder einer Person, deren Anwesenheit das Gesetz vorschreibt, stattgefunden hat

- wenn das Urteil aufgrund einer mündlichen Verhandlung ergangen ist, bei der die Vorschriften über die Öffentlichkeit des Verfahrens verletzt worden sind

- wenn das Urteil keine Entscheidungsgründe enthält oder diese nicht innerhalb des sich aus § 275 Abs. 1 S. 2 und 4 StPO ergebenden Zeitraums zu den Akten gebracht worden sind

- wenn die Verteidigung in einem für die Entscheidung wesentlichen Punkt durch einen Beschluss des Gerichts unzulässig beschränkt worden ist.

Liegen im Einzelfall keine absoluten Revisionsgründe vor, kann dennoch ein relativer Revisionsgrund i. S. d. § 337 StPO vorliegen. Danach muss das Urteil auf einer Gesetzesverletzung (Straftatbestand falsch angewandt, Verfahrensvorschriften missachtet u. ä.) beruhen. D. h., in diesen Fällen hat in der Revisionsbegründung der Nachweis zu erfolgen, dass gerade diese Gesetzesverletzung dieses Urteil hervorgebracht hat.

> **BEISPIEL:** Der alleinige belastende Zeuge wurde trotz Antrag des Verteidigers zur Vereidigung ohne richterlichen Beschluss nicht vereidigt und war das einzige Beweismittel; § 238 StPO ist verletzt.
> Der Betroffene wurde nicht über sein Recht der Verteidigerkonsultation und seine Schweigebefugnis belehrt; § 136 StPO ist verletzt.
> Die U-Haft des Betroffenen wurde dazu missbraucht, das Aussageverhalten zu beeinflussen (Durch die Presse gegeistert sind oft Fälle, in denen der Betroffene von einem Zellgenossen ausspioniert wurde. Dieser Zeuge erfuhr so neue Beweismittel gegen den Betroffenen und der Betroffene konnte so überführt werden. Es blieb ihm dann nichts mehr strafmilderndes als das Geständnis übrig, dass er sonst nie abgegeben hätte.); § 136a StPO ist verletzt.
> Relative Revisionsgründe sind u. a. Verletzungen der Vorschriften der Beweisaufnahme gemäß 244 Abs. 3 und 6 StPO. Z. B.:

– nicht beschiedener Beweisantrag
– nicht eingehaltene Wahrunterstellung
– Beweistatsache zu Unrecht als schon erwiesen behandelt
– fehlerhafte Annahme der Unerheblichkeit der Beweistatsache
– fehlerhafte Annahme der Offenkundigkeit
– Unerreichbarkeit des Beweismittels
– Ungeeignetheit des Beweismittels
– fehlerhafte Annahme der Verschleppungsabsicht
– Beweisantrag bei „präsentem" Beweismittel gemäß § 242 StPO.
Literatur, die diese aufführen und ergänzen, gibt es in jeder Bibliothek. Insbesondere empfehlenswert sind die StPO-Kommentare.

Ebenfalls mit der Revision angreifbar ist eine Verletzung des Rechts des Beschuldigten, einen Verteidiger seiner Wahl zu benennen (§ 142 Abs. 1 StPO). Das Urteil muss aber auf dem Umstand beruhen, dass der bestellte Verteidiger nicht willens oder in der Lage war, den Angeklagten ordnungsgemäß zu verteidigen; BGH NJW 1992, 850; OLG Brandenburg BeckRS 2010, 00922.

Auch für die Revision gilt das zur Berufung Gesagte: Die Erklärung „Ich nehme das Urteil an" ist ein wirksamer, unanfechtbarer und unwiderruflicher Rechtsmittelverzicht. Es kann auf die Ausführungen zu Kap. 4 I. 1 verwiesen werden.

Maxi Mustermann, Musterhausen
Landgericht Leipzig
- 2. Strafkammer -
Aktenzeichen:
Musterhausen, den …
Revisionsbegründung
Mit vorgehenden Schreiben lege ich gegen das Urteil des Landgerichtes Leipzig vom 1. 1. 2010 Revision ein.
Es wird beantragt, dass
I. das Urteil des Landgerichtes Leipzig vom 1. 1. 2010, Az.: … mit den zugrunde liegenden Feststellungen aufgehoben und
II. die Sache an ein anderes Landgericht zur erneuten Verhandlung und Entscheidung zurückverwiesen wird.
Begründung:
1. Es liegen folgende Verfahrenshindernisse vor:
…

2. Ich rüge die Verletzung des formellen Rechts:
Dem Angeklagten wurde in der Hauptverhandlung das letzte Wort nicht gewährt.
Beweis: Protokoll der Hauptverhandlung
§ 258 Abs. 1, Abs. 3 StPO ist damit verletzt worden und es ist nicht auszuschließen, dass das Gericht aufgrund der unterbundenen Erklärung des Angeklagten zu einer anderen Entscheidung veranlasst gewesen wäre....
3. Ich rüge ausdrücklich die Verletzung des materiellen Rechts.
Unter anderem hat das Gericht die Möglichkeit der Strafaussetzung zur Bewährung zu Unrecht nicht geprüft, obwohl…
Maxi Mustermann

Jeder Verfahrensverstoß ist einzeln aufzuführen und gegebenenfalls dessen konkrete Auswirkung auf das Urteil aufzuzeigen.

Wird die Revision nicht als unzulässig oder offensichtlich unbegründet zurückgewiesen, erfolgen Hauptverhandlung und Revisionsurteil. Das Gericht kann dabei die ursprüngliche Gerichtsentscheidung aufheben und an eine andere Kammer des vorgehend entscheidenden Gerichts oder an ein anderes Gericht zur neuen Entscheidung zurückverweisen oder unter bestimmten Voraussetzungen auch in der Sache (seltener Fall) selbst entscheiden.

II. Rechtsmittel gegen den Bußgeldbescheid, die Rechtsbeschwerde

Beim Bußgeldverfahren ist nach Durchführung des Einspruchsverfahrens und des Gerichtsverfahrens nach § 72 OWiG das einzige Rechtsmittel die Rechtsbeschwerde. Soweit die §§ 79, 80 OWiG keine abweichende Regelung treffen, gelten die Vorschriften für das Revisionsverfahren nach der StPO entsprechend. Es gibt zwei Arten von Rechtsbeschwerden.

Eine davon ist in § 79 OWiG geregelt und dem strafprozessualen Revisionsverfahren vergleichbar. Die zweite Form nach § 80 OWiG ist erst dann möglich, wenn sie vom Gericht zugelassen wird. Es erfolgt lediglich eine Überprüfung in rechtlicher Hinsicht, nicht aber als neue Tatsacheninstanz. Folglich kann die Beschwerde nur auf die Gesetzesverletzung gestützt werden. Es gibt Sachrügen und Verfahrensrügen nach dem anwendbaren § 344 Abs. 2 StPO. Bei der Sachrüge prüft das Revisionsgericht, ob das Recht auf den festgestellten Sachverhalt richtig angewandt wurde und ob die Urteilsfeststellungen eine tragfähige Grundlage für die Prüfung (u. a. Lücken, Widersprüche, Verstöße gegen Denkgesetze) bilden. Verfahrensrügen sind Rügen, die sich falsche Anwendung von Vorschriften beziehen, die auf dem Weg zur Urteilsfindung passiert sind (z. B. absolute Revisionsgründe).

Zunächst wird die Rechtsbeschwerde nach den Möglichkeiten des § 79 Abs. 1 S. 1 OWiG erklärt. Sie ist möglich, wenn:

- Gegen den Betroffenen wurde eine Geldbuße von mehr als € 250,00 festgesetzt.

- Eine Nebenfolge wurde angeordnet (Fahrverbot, Verbot der Jagdausübung; vermögensrechtlicher Art: Einziehung, Verfallsanordnungen etc.) deren Wert im Urteil oder Beschluss auf nicht mehr als € 250,00 festgesetzt worden ist.

- Mehrere Geldbußen und/oder Nebenfolgen im Urteil oder Beschluss werden nach dem Wert zusammengerechnet.

- Der Betroffene wurde wegen einer Ordnungswidrigkeit freigesprochen oder sein Verfahren eingestellt oder es wurde von der Verhängung des Fahrverbotes abgesehen und wegen dieser Tat war im Bußgeldbescheid oder im Strafbefehl eine Geldbuße von mehr als € 600,00 festgesetzt, ein Fahrverbot verhängt, oder eine solche Geldbuße bzw. Fahrverbot von der Staatsanwaltschaft beantragt wurde.

- Hier handelt es sich um die Rechtsbeschwerde der Staatsanwaltschaft.

- Der Einspruch wurde durch Urteil als unzulässig verworfen. Das ist der Fall, wenn der Einspruch nach Ablauf der Zwei-Wochen-Frist eingelegt wurde.

- Die Rechtsbeschwerdeform ist unabhängig von der Höhe der Geldbuße oder dem Wert der Nebenfolge. Die Staatsanwaltschaft kann nur zugunsten des Betroffenen Beschwerde einlegen.

- Es wurde im Verfahren durch Beschluss nach § 72 OWiG entschieden, obwohl der Betroffene rechtzeitig widersprach oder ihm in sonstiger Weise das rechtliche Gehör verwehrt wurde.

- Zu beachten sind auch die Fälle, in denen dem Rechtsmittelführer (der die Beschwerde einlegt) wegen unverschuldeter Fristversäumnis Wiedereinsetzung in das Verfahren hätte gewährt werden müssen, gleichwohl aber das Gericht den Einspruch als unzulässig verwarf.

§ 79 Abs. 1 S. 2. OWiG lässt die Rechtsbeschwerde ferner zu, wenn sie nach § 80 OWiG (enthält weitere Voraussetzungen) zugelassen wird. Voraussetzungen sind u. a.:

- Ein Antrag auf Zulassung wurde gestellt.

- Sie zur Fortbildung des Rechts geboten.

- Sie ist zur Sicherung der einheitlichen Rechtssprechung geboten.

- Das Urteil ist wegen der Verletzung des rechtlichen Gehörs aufzuheben.

Achtung!

Der Ausspruch über die Höhe der Geldbuße oder Nebenfolge an sich ist für das Beschwerdegericht unantastbar und damit verbindlich. Eine mit einem Argument der überhöhten Geldbuße bzw. Nebenfolge geführte Rechtsbeschwerde wird bereits deswegen abgewiesen.

Die Beschränkung der Rechtsbeschwerde auf die Nebenfolge ist nur zulässig, soweit sie völlig unabhängig von der Geldbuße ist. Beim Fahrverbot gemäß § 25 StVG ist das gerade nicht der Fall.

Wurde eine unzulässige Rechtsfolge im Beschluss des ersten Gerichts gewählt, ist die Rechtsbeschwerde, obwohl dahingehend die ausdrückliche gesetzliche Regelung fehlt, zulässig. Ein bekannter Fall ist, wenn das Gericht die Weisung an den Jugendlichen verfügt hat, dass dieser am Verkehrsunterricht teilzunehmen muss.

Beschwerde darf der einlegen, gegen den die erstinstanzliche Entscheidung gerichtet ist.

Umfasst eine Entscheidung mehrere Taten, bei denen nur einzelne mit der Rechtsbeschwerde unter § 79 Abs. 1 OWiG angreifbar sind, so ist auch nur gegen diese die Beschwerde möglich. Die anderen bleiben davon unberührt. Man nennt das Teilzulässigkeit.

BEISPIEL: Ein Bußgeldbescheid gegen Maxi Mustermann wegen: einer Tat 1 mit einer Geldbuße von € 50,00 und einer Tat 2 mit einer Geldbuße von € 500,00, die nach Einspruchsverfahren so im Urteil bestätigt wurde.
Rechtsbeschwerde ohne gesonderte Zulassung ist wegen der Tat 2 möglich, wegen der Tat 1 nur nach gesonderter Zulassung nach § 80 OWiG, weil u. a. der Beschwerdewert von € 150,00 nicht erreicht wurde.

Die Einlegungsfrist beträgt entsprechend der StPO eine Woche ab Verkündung, sofern die Betroffenen oder deren Verteidiger anwesend sind, spätestens jedoch ab Zustellung des Urteils/des Beschlusses.

Über die Rechtsbeschwerde wird grundsätzlich per Beschluss entschieden. Wird ein Urteil angegriffen, kann das Beschwerdegericht durch Hauptverhandlung mit Urteil entscheiden. Dabei kann das Beschwerdegericht selbst entscheiden, ob es die Angelegenheit an das Amtsgericht unter Aufhebung der Entscheidung zurückverweist oder an ein anderes Amtsgericht des Landes verweist.

Hat das Beschwerdegericht über den Einspruch im Beschlussverfahren (Kap. 3 III. 1 a) entschieden, so kann keine Rechtsbeschwerde mehr eingelegt werden. Einzig der Einwand, das Beschlussverfahren sei unzulässig gewesen, ist möglich.

BEISPIEL: Der Betroffene widersprach schon vorsorglich in der Einspruchsfrist dem eventuellen Entscheidungsvorschlag des Gerichts, im Wege des Gerichtsbeschlusses statt Urteil zu entscheiden. Dennoch entschied das Gericht durch einen Gerichtsbeschluss.

Als Ausnahme gilt, wenn das Gericht vor dem Gerichtsbeschluss nicht auf die Widerspruchsmöglichkeit hingewiesen oder die Belehrung zu dem eingeschränkten Rechtsmittel Rechtsbeschwerde unterlassen hat. Dann ist nach Auffassung der meisten Gerichte die Rechtsbeschwerde analog zuzulassen. Eine Rechtsbeschwerde ist aber im Einzelfall mit den dort vorliegenden Mängeln des Beschlusses aufzuführen und als Verfahrensrüge zu führen. Die Form ist in § 79 Abs. 3 S. 1 OWiG, § 344 Abs. 2 S. 2 StPO vorgeschrieben.

> **Achtung!**
>
> Ohne Verteidiger kann die Rechtsbeschwerde nur zu Protokoll der Geschäftsstelle erklärt werden. Soweit die Rechtsbeschwerde schriftlich eingelegt wird, muss sie von einem Verteidiger begründet und unterschrieben werden. Der Verteidiger kann dabei mit Telefax, eingescannter Unterschrift, Telegrafie arbeiten.

In der Regel wird ein spezieller Antrag gestellt, aus dem sich insbesondere ergibt, gegen welchen Teil des Beschlusses oder Urteils sich die Beschwerde richtet. Auch ohne gesonderten, juristisch einwandfreien Antrag muss sich aus dem Text ergeben, welcher Teil der Entscheidung angegriffen wird.

Es besteht bei der Rechtsbeschwerde Begründungspflicht. Es müssen rechtliche Angriffe gegen die Rechtsanwendung durch das Urteil oder den Beschluss dargestellt werden. Dabei kann die Beschränkung des Angriffs auf den Rechtsfolgenanspruch (Geldbußenangaben etc.) erfolgen. Ausnahme bildet wieder die Verhängung des Fahrverbots, da es in untrennbaren Zusammenhang mit der Geldbuße steht. Dann gilt der Rechtsfolgenanspruch insgesamt als angegriffen.

Die zusätzliche sog. Sachrüge muss ausdrücklich erhoben, nicht aber begründet werden. Die dann zu prüfende Sachrüge muss vom Gericht dahingehend beurteilt werden, ob:

- Denk- und Erfahrungssätze verletzt sind
- die Verfahrensvoraussetzungen vorlagen
- der Bußgeldbescheid wirksam war oder
- sonstige (außer bei der Zulassungsrechtsbeschwerde) Verfahrenshindernisse vorlagen.

Die zusätzlich zu erhebenden Verfahrensrügen stellen an den Beschwerdeführer sehr hohe Anforderungen. Denn es muss für den konkreten Fall die fehlerhafte Rechtsanwendung vollständig aufgezeigt werden. Bei den relativen Gründen der Anfechtung des Urteils muss begründet werden, weshalb eine Auswirkung auf die erstinstanzliche Entscheidung vorliegt.

BEISPIELE:
- örtliche Unzuständigkeit
- unterlassene Ladungen
- Verletzung des Widerspruchsrechts des Betroffenen unter Entscheidung nach § 72 OWiG
- Verletzung der Aufklärungspflicht durch das Gericht.

Achtung!

Erhebt der Betroffene in der Beschwerde nur pauschal den Einwand, der im Bußgeldbescheid erhobene Vorwurf stimmt nicht, so ist dies kein zulässiger Einwand. Die Beschwerde wird dann bereits wegen unzulässigem Antrag verworfen; OLG Jena DAR 1997, 411.

Über die Statthaftigkeit der Beschwerde entscheidet der Amtsrichter, über die Zulässigkeit und Begründetheit ausschließlich das örtlich zuständige Oberlandesgericht.

Einer Zulassung der Rechtsbeschwerde nach **§ 80 OWiG** bedarf es, wenn sie geboten ist. Nur in den folgenden, gesetzlich normierten Fällen des § 80 Abs. 1 OWiG ist die Rechtsbeschwerde zuzulassen:

- bei der Nachprüfung des Urteils zur Fortbildung des Rechts oder

- zur Sicherung der einheitlichen Rechtsprechung

- bei durch das Urteil verursachter Versagung des rechtlichen Gehörs

falls ein Bußgeldbescheid nicht den Mindestinhalt des § 79 Abs. 1 OWiG aufweist.

Zusätzlich muss bei der Alternative 1 des § 80 Abs. 1 Nr. 1 OWiG, der Vorlage zur Fortbildung des Rechts, das angegriffene Urteil eine

Geldbuße von mindestens € 100,01 bzw. eine Nebenfolge vermögensrechtlicher Art von mindestens € 100,01 beinhalten. Für die Rechtsbeschwerdeeinlegung mit Zulassungsantrag durch die Staatsanwaltschaft muss die Grenze von € 150,00 überschritten sein. Ansonsten gelten nach Zulassung durch das Beschwerdegericht die Ausführungen zu § 79 OWiG.

Achtung!

Wird der Betroffene bei Verknüpfung von Straftatbestand, Bußgeldtatbestand hinsichtlich des Strafverfahrens freigesprochen und lediglich wegen des anderen Sachverhalts (der Ordnungswidrigkeit) verfolgt, hat er, wenn er das Urteil anfechten möchte, Rechtsbeschwerde einzulegen.

Wird der Betroffene wegen desselben Sachverhalts nicht strafrechtlich verfolgt, aber deswegen mit Bußgeld belegt, hat er Berufung oder Revision einzulegen.

Ein die Zulassung der Rechtsbeschwerde nach § 80 Abs. 1 OWiG verwerfender Beschluss braucht nicht begründet werden.

5. Kapitel

Verfahrenskosten

Die Kosten des Verfahrens umfassen nach § 464a Abs. 1 S. 1 StPO die Gebühren und Auslagen der Staatskasse. Gebühren sind die Kosten des Gerichts. Auslagen sind u. a. die Zeugenentschädigung für deren Verdienstausfall, Fahrtkosten der Zeugen, Sachverständigenkosten und die Vergütung des Rechtsanwaltes. Da das Veranlasserprinzip gilt, hat derjenige, der der Tat überführt wurde, auch die Kosten zu tragen. Die Verfahrenskosten werden nach den Nr. 9000 f. KV GKG (Kostenverzeichnis des Gerichtskostengesetzes) im Kostenansatzverfahren festgesetzt. Für die Ordnungswidrigkeitenverfahren gelten die §§ 106 bis 109a OWiG.

Zu den Verfahrenskosten gehören auch die Kosten zur Vorbereitung der öffentlichen Klage und die Zwangsvollstreckungskosten. Nicht dazu gehören die notwendigen Auslagen im Sinne der Rechtsanwaltskosten eines Wahlanwaltes oder Entschädigungskosten für die Zeitversäumnis. Dolmetscher- und Übersetzerkosten werden in der Regel nicht berechnet. Es gibt keine Möglichkeit, die Kosten für alle Fälle gleich aufzustellen. Denn in allen Fällen können zusätzliche Kosten u. a. durch Zeugenentschädigung, Sachverständigenkosten, Beweiserhebungskosten (z. B. Kosten der Blutalkoholbestimmung, Kosten bei Lebensmittelproben) hinzutreten. Da dies von Fall zu Fall unterschiedlich ist, beschränkt sich die Verfasserin auf die jedenfalls anfallenden Gebühren.

In seltenen Fällen unterbleibt ggf. durch Vergessen des Gerichts die Kostenentscheidung. Dann sind die Kosten von der Staatskasse zu tragen. Eine Nachholung wäre unzulässig.

I. Strafbefehl

Der Strafbefehl selbst beinhaltet nur die Kostengrundentscheidung, legt also fest, wer die Verfahrenskosten trägt.

Eine Rechnung und damit eine Zahlungsverpflichtung wird von der zuständigen Landesjustizkasse zugestellt. Mit dieser ist auch über eine Ratenzahlung (z. B. hinsichtlich der angefallenen Verfahrenskosten) unter Nachweis der Einkommenssituation des Betroffenen zu verhandeln.

II. Bußgeldbescheid, Ordnungswidrigkeiten

Im Bußgeldbescheid richten sich die Verfahrenskosten nach dem Ordnungswidrigkeitengesetz, welches wiederum auf die StPO verweist. Die Kostenerhebung wird als Auslagen- und Gebührenentscheidung direkt im Bußgeldbescheid festgehalten. Grundlage hierfür sind die §§ 464a Abs. 1, 465 Abs. 1 StPO i. V. m. §§ 105 Abs. 1, 46 Abs. 1, 107 OWiG. Sofern Auslagen erst nach Erlass des Bußgeldbescheides entstehen und anfallen, können diese auch im Nachgang noch bis zur Verjährung des Anspruchs erhoben werden. Üblicherweise beträgt die Gebühr in Bußgeldsachen € 20,00 und die Auslage der Verwaltung € 3,50.

Die Kosten des Einspruchsverfahrens entsprechen den Kostenabläufen im Strafbefehls-/Einspruchsverfahren. Bereits nach dem Zugang des Bescheides ist zu zahlen, es sei denn, es wurde Einspruch eingelegt. Spätestens jedoch nach Eintritt der Rechtskraft ist die Zahlung vorzunehmen. Eine gesonderte Aufforderung der Behörde ergeht nicht noch einmal. Werden die Verfahrenskosten nicht gezahlt, so kann aus dem Bußgeldbescheid heraus bereits die Zwangsvollstreckung betrieben werden.

III. Kostentragungspflicht

1. Verurteilung

Sowohl im Strafbefehls- als auch im Bußgeldverfahren hat die Kosten derjenige Betroffene soweit zu tragen, als gegen ihn die Strafe festgelegt wurde, § 465 Abs. 1 StPO, § 105 Abs. 1 OWiG. Denn die Kosten sind aus Anlass der Tat entstanden. Das gilt auch, wenn seine Bestrafung darin besteht, dass gegen ihn nur eine Maßregel der Besserung und Sicherung (z. B. Unterbringung in einem psychiatrischen Krankenhaus oder einer Entzugsklinik) verhängt bzw. angedroht oder er unter Strafvorbehalt verurteilt wurde bzw. das Gericht von der Strafe abgesehen hat. Letzteres wird oft bei Jugendlichen oder Heranwachsenden (z. B. Führerscheinträger mit 17 Jahren begeht Verkehrsordnungswidrigkeit) praktiziert. Das bezieht sich aber nicht auf die notwendigen Auslagen (Rechtsanwaltskosten §§ 74, 109 Abs. 2 JGG).

Verstirbt der Betroffene vor Rechtskraft der Entscheidung, so ist das Verfahren ohne Kostenentscheidung für die Erben einzustellen, § 465 Abs. 3 StPO. Die Erben müssen dann nichts zahlen. Ist Rechtskraft der Entscheidung eingetreten, werden zumindest die Schulden vererbt, die gegenüber der Staatskasse entstanden sind.

2. Freispruch/Einstellung

Gemäß § 467 StPO gilt: wird freigesprochen, eingestellt oder die Eröffnung des Verfahrens abgelehnt, so fallen die Kosten und Auslagen des Verfahrens und die notwendigen Auslagen des Betroffenen der Staatskasse zur Last.

Entstehen Kosten, die der Betroffene durch eine Säumnis verursacht hat, so hat er diese Kosten selbst zu tragen. Hinsichtlich der notwendigen Auslagen (zumeist den Rechtsanwaltskosten) gibt es ein paar Sonderregelungen in § 467 Abs. 3 bis 5 StPO. Konnte gegen den Betroffene nur keine Anklage erhoben oder Strafbefehl erlassen werden, weil

- ein Verfahrenshindernis (z. B. Verfolgungsverjährung) bestand oder

- er widersprüchlich oder wahrheitswidrig handelte, obwohl er sich zur Beschuldigung geäußert hat oder

- das Gericht im Rahmen seines Entscheidungsermessen (z. B. § 153 StPO) eine Einstellungen verfügt hat oder

- wenn das Verfahren nach § 153a StPO endgültig eingestellt wird,

dann trägt er die notwendigen Auslagen selbst.

Achtung!

§ 470 StPO legt für den Anzeigeerstatter, der den Strafantrag zurücknimmt, obwohl er Bedingung des Verfahrens ist (z. B. fahrlässige Körperverletzung nach § 230 Abs. 1 StGB), fest: Er hat die notwendigen Auslagen des betroffenen Beschuldigten und des Nebenbeteiligten zu tragen. Eine Ausnahme von dem Grundsatz ist nur zulässig, wenn der Beschuldigte sich zur Kostenübernahme bereit erklärt hat oder die Auferlegung an den Anzeigeerstatter unbillig ist.

Besondere Kostenvorschriften enthält das Ordnungswidrigkeitenverfahren in § 109a OWiG sowie § 25 StVG, durch das die Auslagenaufbürdung (Rechtsanwaltskosten) bei der Staatskasse eingeschränkt wurde. Ist der Bußgeldtatbestand lediglich mit einer Geldbuße von bis zu € 10,00 versehen, so hat die Staatskasse nur dann die notwendigen Auslagen zu tragen, wenn die Sach- und Rechtslage umfangreich und schwierig war oder besondere Bedeutung für den Betroffenen hat.

6. Kapitel

Umwandlung von Geldstrafe und Bußgeld

I. Begriff

Die Umwandlungsmöglichkeiten der Geldstrafe sind limitiert und entgegen der allgemein in der Presse propagierten Literatur nicht frei wählbar. Die Umwandlung von Geldstrafen knüpft zwingend an deren **Uneinbringlichkeit** an und führt zunächst zur Verhängung einer Ersatzfreiheitsstrafe. Erst nach diesem Schritt wird, nach Antrag des Betroffenen, über das Unterbleiben des Strafantrittes durch Umwandlung in gemeinnützige Arbeit entschieden. Natürlich gibt es auch in anderen Fällen gemeinnützige Arbeit, dann aber nach richterlicher Anordnung in Form der zusätzlichen Auflage (z. B. § 153a Abs. 1 Nr. 3 StPO) oder im Jugendstrafrecht als Erziehungsmittel (z. B. Erziehungsmaßregel des § 10 Abs. 1 Nr. 4 JGG). Leider führt die gemeinnützige Arbeit unter den Betroffenen ein Schattendasein. Sie wird von dem zu Geldstrafen Verurteilten wenig akzeptiert und damit wenig beantragt. Häufig wird Freiheitsentzug vorgezogen. Selbst bei den von der Staatsanwaltschaft erlaubten gemeinnützigen Arbeiten treten viele Betroffene die Arbeit gar nicht oder nur zum Teil an. Häufig liegt das an mangelhafter Information für den Betroffenen, da sie mit den Informationsformularen nichts anfangen können oder soziales Fehlverhalten aufweisen. Oft wird die mit der Ladung zum Strafantritt in die Justizvollzuganstalt und die zusätzlich beigefügte Belehrung über die Möglichkeit der gemeinnützigen Arbeit nicht ernst genommen. Erst wenn die Polizei zur Abholung zum Strafantritt in die Justizvollzuganstalt an der Wohnungstür steht, erkennt der Betroffene die Tragweite der Verurteilung. Insbesondere wird ihm klar, er wird aus seiner gewohnten Umgebung in eine Justivollzugsanstalt verbracht; er ist nicht mehr frei.

In der anwaltlichen Praxis hat sich positiv bewährt, vorher einen Antrag mit ernsthafter Ableistungsbekundung und Zustimmung eines Arbeitgebers und Nachweis der Einkommensverhältnisse zu stellen. Manchmal ist das sogar bereits direkt nach der Verurteilung sinnvoll.

> **BEISPIEL:** In Berlin im Jahre 2009 wurden 37.133 Personen zur Geldstrafe verurteilt.
> Davon verbüßten ca. 7 % die Ersatzfreiheitsstrafe und bis 10 % leisteten gemeinnützige Arbeit (Auszug aus „Schwitzen statt Sitzen", Frank Wilde, Freie Hilfe Berlin e. V., 2010).

Es besteht für den Betroffenen kein Wahlrecht zwischen Geldstrafe und Ersatzfreiheitsstrafe. Bei Uneinbringlichkeit der Geldstrafe kann man aber wohl zwischen Ersatzfreiheitsstrafe und gemeinnütziger Arbeit wählen. Voraussetzung ist, dass die Staatsanwaltschaft die Zustimmung erteilt.

Achtung!

- **§ 43 StGB Ersatzfreiheitsstrafe:** Ein Tagessatz, entspricht einem Tag Ersatzfreiheitsstrafe.
- **Art. 293 EGStGB gemeinnützige Arbeit:** Statt Ableistung eines Tagessatzes Geldstrafe muss pro Tagessatz ein Tag Arbeit von vier bis acht Stunden (abhängig vom jeweiligen Bundesland) unentgeltlich (ohne Lohn) gearbeitet werden. In Sachsen sind es z. B. sechs Stunden täglich.

Bei dem Bußgeldbescheid können Zahlungserleichterungen gewährt werden. Voraussetzung hierfür ist, dass der Betroffene seine Zahlungsunfähigkeit mit Belegen wie Lohnscheinen oder Leistungsbescheiden der ARGE über Arbeitslosengeld II vorlegt (§ 18 OWiG).

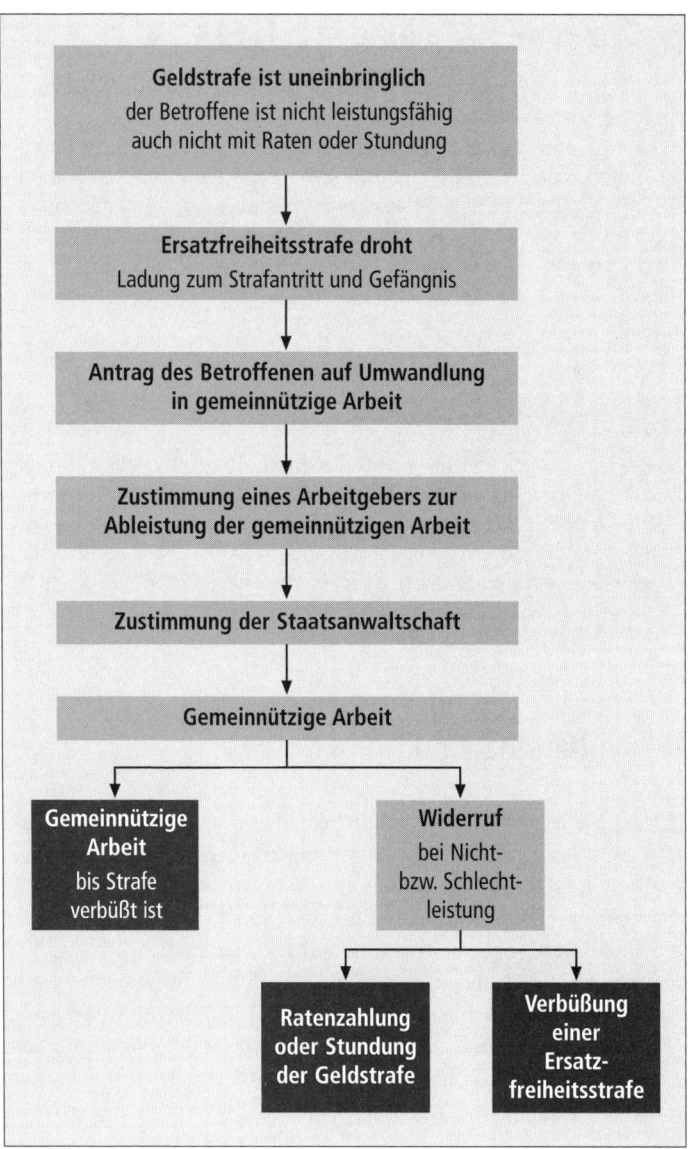

Abb. 7: Gemeinnützige Arbeit

Achtung bei dem Bußgeldbescheid!

In Ordnungswidrigkeitenverfahren gibt es keine Umwandlung der Geldbuße in gemeinnützige Arbeit.
Es gibt keine Ersatzmaßnahmen, sondern nur Vollstreckungsmaßnahmen, wie z. B. die Erzwingungshaft bei Zahlungsunwilligkeit. Damit wird die Geldbuße aber nicht hinfällig, sondern soll so beigetrieben werden, § 96 OWiG. Ist der Betroffene absolut zahlungsunfähig, hat er dies nach den §§ 66 Abs. 2 Nr. 2, 92, 93, 96 OWiG darzulegen.

Achtung!

Arbeiten statt Geldstrafe oder Ersatzfreiheitsstrafe bedeutet nicht das Eingehen eines Arbeitsverhältnisses mit Lohnzahlungsverpflichtung des Arbeitgebers. Lediglich bekommt man für die abgeleistete Arbeit die verhängte Geldstrafe bzw. angedrohte Ersatzfreiheitsstrafe erlassen. Nur in seltenen Fällen wird etwas Fahrgeld gewährt.

II. Anwendbarkeit

An die Stelle einer uneinbringlichen, d. h. auch nicht durch Zahlungsaufschub und oder Ratenzahlung erbringbaren Geldstrafe gemäß der §§ 42, 43, 459a StPO kann mittels Antrag des Verurteilten die Ableistung der Strafe durch Ersatzfreiheitsstrafe oder aber durch die gemeinnützige Arbeit gestellt werden. Bedenklich hält die Verfasserin den gesetzlichen Ansatz, dass nach § 43 StGB ein Tagessatz einem Tag Ersatzfreiheitsstrafe entspricht, weil das Strafübel Geldstrafe auf die Einkünfte abzielt, die Freiheitsstrafe aber Persönlichkeitsrechte (Freiheit) einschränkt. Anders ist es z. B. in Italien. Eine echte Alternative zur Ersatzfreiheitsstrafe ist die in Art. 293 EGStGB und den Ministerialerlassen und Verordnungen der einzelnen Bundesländer entwickelte gemeinnützige Arbeit.

Für die Anwendung der gemeinnützigen **Arbeit anstelle von Geldstrafe oder Ersatzfreiheitsstrafe ist Voraussetzung:**

- die Geldstrafe ist uneinbringlich, kann also auch nicht mit Zahlungserleichterungen oder durch Zwangsmittel wie Pfändungen beigetrieben werden

- die Ersatzfreiheitsstrafe wäre zu vollstrecken in der Justizvollzugsanstalt, wird aber durch die Beantragung der Gewährung zur Ableistung gemeinnütziger Arbeit abwendbar

- ein Arbeitgeber muss bereit sein, dass die Arbeit bei diesem vollständig abgeleistet werden kann.

- die Staatsanwaltschaft muss schriftlich zustimmen.

Achtung!

Nur mit einem Antrag und den hierfür notwendig zu erbringenden Belegen für die Uneinbringlichkeit der Geldstrafe sowie der Einverständniserklärung eines Arbeitgebers wird die Staatsanwaltschaft über die Umwandlung in gemeinnützige Arbeit entscheiden. Belege sind z. B. Arbeitslosenbescheide, Lohn- und Gehaltsabrechnungen, Rentenbescheide, Urteile zu Unterhaltszahlungen usw.

Befindet sich der Betroffene in einem Arbeitsverhältnis, so überschneidet sich zeitlich häufig die Arbeitstätigkeit zur Sicherung der Lebensgrundlage (Lohnarbeit) mit der Ableistung der gemeinnützigen Arbeit. Dann kann die Staatsanwaltschaft die Ableistung der gemeinnützigen Arbeit nicht genehmigen. Die Staatsanwaltschaft nimmt kaum Rücksicht auf einen bestehenden Job. Dann müssen eben Raten vereinbart werden oder Ersatzfreiheitsstrafe folgt. Alternativ können z. B. Saisonarbeiter in Absprache mit der Beschäftigungsstelle der gemeinnützigen Arbeit an den lohnarbeitsfreien Tagen die gemeinnützige Arbeit ableisten. Sie können auch die ratenweise Abzahlung der Geldstrafe vereinbaren. Folglich muss die gemeinnützige Arbeit unabhängig von der sonstigen Arbeitstätigkeit sein. D. h., z. B. die im Krankenhaus beschäftigte Krankenschwester kann ihre arbeitsvertraglich vereinbarten Stunden/Überstunden nicht auf die gemeinnützige Arbeit anrechnen lassen. Auch nicht, wenn sie dafür freiwillig ihre Arbeitszeit verlängern lassen würde. Also muss sie die gemeinnützige Arbeit außerhalb ihrer arbeitsvertraglichen Pflichten leisten.

III. Absender

Absender ist der Betroffene, der möchte, dass seine uneinbringliche Geldstrafe nicht in der Ersatzfreiheitsstrafe mündet. Er wünscht die Zusage, dass er an einem bestimmten Arbeitsort eine zugewiesene Arbeit in einer bestimmten Stundenzahl in einem festgelegten Zeitraum erbringen muss.

In der Beschäftigungszeit unterliegt der Betroffene, wie jeder andere Arbeitnehmer auch, den Anordnungen des Arbeitgebers und zwar aufgrund der Zuweisung und Weisungen der Staatsanwaltschaft. Er hat sich bei Arbeitsantritt für die gemeinnützige Arbeit gegenüber dem Arbeitgeber hinreichend auszuweisen, insbesondere durch die Vorlage seiner Papiere und des Personalausweises.

Achtung!

Die gemeinnützige Arbeit darf erst beginnen, wenn die Staatsanwaltschaft ihre Zustimmung (auch mündlich) erteilt hat.

Der Betroffene hat selbst dafür zu sorgen,

- die für die ausgewählte Arbeit übliche und angemessene Arbeitskleidung / Arbeitsschuhe zu haben und

- bei Notwendigkeit die ärztlichen Untersuchungen (z. B. Gesundheitspass) auf seine Kosten zu erbringen.

Achtung!

Eröffnet sich während der Ableistung der gemeinnützigen Arbeit oder der Ersatzfreiheitsstrafe die wirtschaftliche Möglichkeit zur Zahlung der Geldstrafe, so kann dies jederzeit vorgenommen werden. Dann entfällt nachträglich nach Zahlungseingang die Pflicht zur Ableistung der gemeinnützigen Arbeit bzw. der Ersatzfreiheitsstrafe.

Fehlzeiten, egal ob entschuldigt oder nicht, oder Arbeitsunfähigkeitszeiten wegen Erkrankung lösen die Arbeitspflicht nicht auf, sondern werden nicht angerechnet. Die dann noch offene Arbeitszeit ist nach Gesundung abzuleisten.

Während der gemeinnützigen Arbeit hat der Betroffene dennoch den vorrangigen Terminvorgaben der Arbeitsämter und Arbeitsgemeinschaften Folge zu leisten. Eine dadurch eventuell verursachte Sperre ist nicht mit der Begründung aufhebbar, man habe zur gleichen Zeit lieber die gemeinnützige Arbeit abgeleistet. Er dringt auch nicht gegenüber dem Arbeitsvermittler mit dem Argument durch, er könne derzeit nicht vermittelt werden, weil er gemeinnützige Arbeit abzuleisten habe. Er hat die Terminvorgaben, die Weisungen der Behörden (insbesondere der Arbeitsämter und Leistungsstellen) zu beachten. Überschneidungen von gemeinnütziger Arbeit und Pflichten vor den Behörden können wegen der in der Regel vorherig schriftlichen Ankündigungen ohne weiteres mit dem Arbeitgeber abgesprochen werden, so dass von vornherein Fehlzeiten vermieden werden. Kommt es dennoch zu unentschuldigten Fehlzeiten, so wird anfangs versucht, ggf. mit Unterstützung der Gerichtshilfe, Aufklärung zu schaffen. Verläuft das erfolglos, kann der Widerruf der Genehmigung zur Ableistung der gemeinnützigen Arbeit durch die Staatsanwaltschaft erfolgen.

Hinsichtlich Unfallversicherungen etc. ist der Betroffene während der Arbeitszeit auch für Arbeits- und Wegeunfälle gesetzlich über den Arbeitgeber versichert. Ansprüche und Zahlungsverpflichtungen hinsichtlich Renten-, Arbeitslosen-, Krankenversicherungen (sämtliche Sozialversicherungen) und Steuerverpflichtungen entstehen durch die Eingehung des Beschäftigungsverhältnisses nicht.

Selbstverständlich hat der Betroffene vom Arbeitgeber nicht alles zu dulden. Wenn von dem Betroffenen unzumutbare Arbeiten erwartet werden, darf er die Arbeit nicht ohne vorherige Information der Staatsanwaltschaft abbrechen. Er muss der Staatsanwaltschaft den Sachverhalt genau darlegen, ggf. um Zustimmung bitten. Er kann darum bitten, dass die Staatsanwaltschaft hilft, ein anderes Beschäftigungsverhältnis zu finden.

> **BEISPIEL:** Zwar bescheinigt der Arbeitgeber in der Einverständniserklärung, dass der Betroffene als Gartenpfleger eingesetzt wird. Tatsächlich muss er trotz bekannter HIV-Infektion die öffentlichen Toiletten reinigen und setzt sich so einer erhöhten Gesundheitsgefährdung aus, wenn der Arbeitgeber nicht einmal Hygienemittel zu Verfügung stellt.

Achtung!

Es gibt tatsächlich Straftäter, die glauben, die Stundenzettel selbst vervollständigen zu können. Das fällt nach Erfahrung der Verfasserin immer wieder auf. Staatsanwaltschaft, Bewährungshelfer und Arbeitgeber prüfen die abgeleisteten Stunden und zeichnen die Nachweise ab. In einem solchen Fall wird sofort Strafanzeige wegen Betruges gestellt. Dessen Nachweis ist recht leicht zu führen und wird wegen des signalisierten Willens des Betroffenen, nicht arbeiten zu wollen, verschärft verurteilt. Daraus folgt: Das lohnt sich nicht!

IV. Empfänger

Als Strafvollstreckungsbehörde ist die zuständige Staatsanwaltschaft Adressat des Antrages auf Umwandlung in gemeinnützige Arbeit.

Erfahrungsgemäß lehnt die Staatsanwaltschaft bei dem Vorliegen der Voraussetzungen die Ableistung der gemeinnützigen Arbeit nicht ab. Lehnt die Staatsanwaltschaft dennoch ab, ist die Zahlung zu leisten oder ggf. die Ersatzfreiheitsstrafe anzutreten.

Die Staatsanwaltschaft genehmigt aber nicht nur die gemeinnützige Arbeit. Sie kann diese Genehmigung bei Fehlverhalten auch nachträglich widerrufen. Dann hat der Betroffene nur noch die Möglichkeit, entweder verspätet, vielleicht unter Zuhilfenahme Dritter, die Geldstrafe zu zahlen oder die noch nach Tagessätzen offene Geldstrafe in die Ersatzfreiheitsstrafe umrechnen zu lassen und in einer Justizvollzugsanstalt abzusitzen.

Achtung!

Die Zahlung der Geldstrafe durch Dritte ist zulässig und stellt keine Verwirklichung eines Straftatbestandes dar. Denn nach nunmehr einhelliger Meinung vereitelt das nur den Strafzweck.

Die Staatsanwaltschaft widerruft ihre Genehmigung, wenn Gründe vorliegen oder eintreten, die zur Rücknahme der gnadenweisen Aussetzung von Strafen führen würden.

BEISPIELE: Widerrufsgründe bei dem Fehlverhalten des Betroffenen sind, u. a., dass er:
- erneut straffällig wurde.
- die gemeinnützige Arbeit ohne ausreichende Entschuldigung nicht aufgenommen oder ggf. nicht fortgesetzt hat.
- die zugewiesene Arbeit nicht ordnungsgemäß geleistet hat oder das Verhalten des Betroffenen machte die Weiterbeschäftigung für die Beschäftigungsstelle unmöglich, wenn z. B. der Betroffene den Arbeitgeber beleidigend provoziert und/oder ihn ohne rechtfertigenden Grund schlägt oder
- die von der Arbeitsstelle auszustellende Bescheinigung über die Ableistung der Arbeit nicht unverzüglich vorgelegt hat und diese auch nicht auf andere Weise – Zusendung direkt vom Arbeitgeber an die Staatsanwaltschaft- beschafft werden konnte.

Die bis zum Widerruf der gemeinnützigen Arbeit abgeleistete Stundenzahl kann, muss aber nicht, auf die Ersatzfreiheitsstrafe angerechnet werden.

Die entstandenen Verfahrenkosten können bei ordnungsgemäßer Ableistung der gemeinnützigen Arbeit erlassen werden.

Die Eintragung im Bundeszentralregister (Ausführungen dazu befinden sich auf den Kap. 1 XI. 2) bleibt völlig unberührt von dieser Form der Strafvollstreckung, da sie an die verurteilte Geldstrafe geknüpft ist. Ist eine Eintragung ins Bundeszentralregister erfolgt, bleibt sie in jedem Fall bestehen.

V. Arbeitgeber

Die Strafvollstreckungsbehörden und die Sozialdienste haben sich im Laufe der Zeit erfolgreich um Arbeitgeber bemüht. Als Arbeitgeber sind gemeinnützige Einrichtungen geeignet. Es wird keine Vergütung gezahlt. Arbeitgeber sind beispielsweise Gemeinden, Kirchen und freie Wohlfahrtsträger. Arbeiten können verrichtet werden auf Straßen, Friedhöfen, in Krankenhäusern, Kindergärten usw. Ein Beschäftigungsverhältnis nach den Regeln des Arbeitsrechts wird nicht begründet.

Für die abgeleistete gemeinnützige Arbeit hat der Arbeitgeber eine Bescheinigung auszustellen und dem Betroffenen auszuhändigen.

Mängel in der Arbeitsleistung, wie z. B. Fehlzeiten, schlechte Erbringung der Arbeitsleistung, Nichtleistung, Verweigerungen, hat der Arbeitgeber unverzüglich der Staatsanwaltschaft zu melden.

Wird vom Betroffenen bei der Ableistung seiner Arbeit ein Schaden bei einem Dritten (z. B. Kunden, anderen Arbeitnehmern) verursacht, so gelten die üblichen gesetzlichen Haftungsregeln. Die Bundesländer haften trotz Anordnung durch die Staatsanwaltschaften nicht dafür.

Jedes Bundesland regelt für die Arbeitgeber die Anzahl der abzuleistenden Tagesstunden selbst. Eine bundeseinheitliche Regelung gibt es nicht.

VI. Nachweis der Einkommens- und Vermögensverhältnisse

Um die Uneinbringlichkeit der Geldstrafe nachzuweisen, bietet es sich an, mit entsprechenden Kopien der Einkommens- und Vermögensverhältnisse, der Unterhaltsverpflichtungen etc. die wirtschaftliche und persönliche Situation darzulegen. Zum einem macht man es der Strafvollstreckungsbehörde damit einfacher und leichter, schnell zu entscheiden. Zum anderen kann damit gleich der Umwandlungsantrag verbunden werden, so dass gar nicht erst die Ladung zum Strafantritt in die Justizvollzugsanstalt erfolgen muss. Nachweise sind z. B.:

- Geburtsurkunden der Kinder

- Heiratsurkunden

- Unterhaltstitel

- Leistungsbescheide von den Behörden über Rente, Wohngeld, Leistungen nach SGB II („Hartz IV"), Arbeitslosengeld I etc.

VII. Vorschlag des Betroffenen

Durch Eigeninitiative bzw. unter Zuhilfenahme von Betreuungspersonal (u. a. der Gerichtshilfe, der Bewährungshelfer) kann der Betroffene einen geeigneten Arbeitgeber suchen und dessen Einverständnis einholen. Natürlich handelt es sich bei den Arbeiten i. d. R. nicht um besonders leichte oder qualitativ anspruchsvolle Arbeiten. Der Betroffene muss oft Arbeit verrichten, die am normalen Arbeitsmarkt oder im Rahmen der Arbeiten von Leistungsempfängern nicht vermittelbar oder bezahlbar sind. Das kann z. B. die Friedhofspflege und die Straßenreinigung sein.

BEISPIEL: In Sachsen wird mit der Ladung zum Strafantritt eine schriftliche Belehrung zur Möglichkeit der Ableistung von gemeinnütziger Arbeit und sogar ein vorformulierter Antrag versandt, der innerhalb von zwei Wochen zurückzusenden ist. Sogar der Vordruck der Einverständniserklärung für den Arbeitgeber liegt bereits bei. Angeboten wird außerdem, bei der Arbeitgebersuche zu helfen. Zudem beinhaltet eine weitere Belehrung auch die Folgenerklärung bei Nichtantritt oder Schlechtleistung, also den Widerruf der Genehmigung durch die Staatsanwaltschaft. In Sachsen sind sechs Arbeitsstunden pro Tag zu leisten. Nur in besonderen Ausnahmefällen wie Erkrankung und damit verbundener teilweiser Erwerbsunfähigkeit des Betroffenen werden geringere Tagesarbeitsstunden festgesetzt. Dafür ist aber ein geeigneter Nachweis zu erbringen.

VIII. Formulierungsbeispiele

1. Antrag

Maxi Mustermann, Musterhausen
Staatsanwaltschaft Leipzig
– Strafvollstreckung –
Beethovenstrasse 2
04107 Leipzig
Aktenzeichen:
Musterhausen, den ...

Antrag auf Ableistung gemeinnütziger Arbeit

Ich beantrage, mir zu gestatten, anstelle der im Urteil festgesetzten Geldstrafe und damit bei Uneinbringlichkeit eine angedrohten Ersatzfreiheitsstrafe diese in Form der gemeinnützigen Arbeit ableisten zu dürfen.

Ich bestreite meinen Lebensunterhalt mit meiner Arbeit bei der ... und erhalte zusätzlich Wohngeld und Unterhaltsvorschuss. Ich bin alleinerziehend mit meinem minderjährigen Kind, geboren am.... Entsprechende Belege der letzen zwölf Monate habe ich beigefügt.

Ich möchte die Arbeitsleistung im Krankenhaus der Gemeinde ... (*detaillierte Adresse ist beizufügen*) erbringen.

Die Einverständniserklärung der Beschäftigungsstelle ist beigefügt.

Alternativen:

1. Die Einverständniserklärung der Beschäftigungsstelle wird direkt an Sie versandt.

2. Ich bitte mich bei der Auswahl einer Beschäftigungsstelle zu unterstützen. Die Arbeitsleistung kann ich zu folgenden Zeiten:

vom 1. 4. 2010 bis 31. 10. 2010 von jeweils 08.00 bis 15.00 Uhr verrichten.

Insbesondere, weil zu dieser Zeit mein minderjähriges Kind, geboren am ... in der Kindertagesstätte betreut wird.

Die Arbeitsstelle kann ich erreichen: ...(mit den öffentlichen Verkehrsmitteln oder dem eigenen PKW).

Mir ist bekannt, dass auf die Erteilung der Genehmigung zur Arbeitsleistung kein Rechtsanspruch besteht und die Arbeit von mir erst nach Erteilung der Genehmigung angetreten werden kann.

Maxi Mustermann

Anlagen in Kopie:
Einkommensnachweise als Lohn- und Gehaltsbescheinigung der letzten zwölf Monate
aktueller Wohngeldbescheid
Geburtsurkunde des Kindes
aktueller Bescheid über das Unterhaltsvorschussgeld
Einverständniserklärung des Arbeitgebers

2. Einverständniserklärung des Arbeitgebers

Gemeinde XY
Staatsanwaltschaft Leipzig
– Strafvollstreckung –
Beethovenstrasse 2
04107 Leipzig
Aktenzeichen:
Musterhausen, den ...

Einverständniserklärung

zum Antrag auf Ableistung gemeinnütziger Arbeit durch Maxi Mustermann.
Wir sind damit einverstanden, dass die oben bezeichnete Person in unserem Hause gemeinnützige Arbeit ableisten kann.
Von den näheren Bedingungen der Leistung gemeinnütziger Arbeit, insbesondere den Rechten und Pflichten des Beschäftigungsgebers, haben wir Kenntnis genommen.
Der Beschäftigungsnehmer soll bei uns
als: ...
in der Zeit vom ... bis ...
täglich von ... bis ... Uhr
eingesetzt werden.
Gemeinde XY, der Bürgermeister

3. Genehmigung der Staatsanwaltschaft

Staatsanwaltschaft Leipzig
Beethovenstrasse 2, 04107 Leipzig

Leipzig, den …

Telefon:…
Bearbeiter:…
Aktenzeichen:…

An
Maxi Mustermann
…

Aktenzeichen:

Genehmigung

1.

In dem Strafvollstreckungsverfahren gegen Sie wird Ihnen gestattet, die mit Verfügung vom … angeordnete Vollstreckung der Ersatzfreiheitsstrafe von … durch die Ableistung gemeinnütziger Arbeit bei der … abzuwenden.

2.

Zur Abwendung von je einem Tag Ersatzfreiheitsstrafe haben Sie … Stunden gemeinnützige Arbeit zu leisten. Sie haben daher …Stunden gemeinnützige Arbeit zu erbringen.

3.

Die Arbeit ist nach Absprache mit dem Beschäftigungsgeber zu beginnen.

4.

Im Krankheitsfalle ist die Beschäftigungsstelle telefonisch vorab zu benachrichtigen und ihr innerhalb von zwei Tagen eine ärztliche Arbeitsunfähigkeitsbescheinigung vorzulegen.

5.

Die Staatsanwaltschaft widerruft die Genehmigung, wenn:

a) Gründe vorliegen oder eintreten, die zur Rücknahme einer gnadenweisen Aussetzung von Strafen berechtigen würden,

b) Sie erneut eine Straftat begehen,

c) Sie die gemeinnützige Arbeit ohne ausreichende Entschuldigung nicht aufnehmen bzw. ggf. nicht fortsetzen,

d) Sie die Ihnen zugewiesene Arbeit ohne ausreichende Entschuldigung nicht ordnungsgemäß leisten oder Ihr Verhalten Ihre Weiterbeschäftigung für die Beschäftigungsstelle unzumutbar macht.

Staatsanwalt

Anlagen:

Hinweise

Checkliste Gemeinnützige Arbeit

☐ **Kann ich nach der Antragstellung auf Umwandlung in gemeinnützige Arbeit schon anfangen zu arbeiten?**

Nein. Sonst ist die vor der Zustimmung der Staatsanwaltschaft abgeleistete Arbeit umsonst, da sie auch nicht angerechnet wird.

☐ **Kann ich den Stundenzettel schon immer selbst ausfüllen?**

Nein. Zuerst müssen die Stunden abgeleistet werden, dann kann der Arbeitgeber den Stundenzettel als Nachweis ausfüllen und unterschreiben. Danach wird der Stundenzettel entweder über den Arbeitgeber, den Bewährungshelfer oder von dem Betroffenen selbst an das Gericht geschickt.

☐ **Ich kann nicht arbeiten, weil ich krank bin. Was nun?**

Ein Blick in die Zustimmung der Staatsanwaltschaft hilft. Zuerst müssen Sie die Krankmeldung beim Arbeitgeber bekanntgeben und dann die Arbeitsunfähigkeitsbescheinigung innerhalb von zwei Tagen an den Arbeitgeber senden. Die ausgefallene Arbeit ist nachzuholen. Kann aufgrund der Fehlzeiten die Ableistungsfrist für die Arbeitsstunden nicht eingehalten werden, kann unter Nachweis der unverschuldeten Nichteinhaltung der Frist Verlängerung beantragt werden.

☐ **Ich will diese Arbeit nicht oder nicht mehr machen?**

Bei einfachem Nichterscheinen droht Widerruf. Alternativ kann die Geldstrafe jederzeit gezahlt (dann entfällt die gemeinnützige Arbeit) oder ein Antrag auf Ratenzahlung gestellt werden. Bei Widerruf folgt die Ersatzfreiheitsstrafe, also Gefängnis. Ein Wechsel der Arbeitsstelle ist nur unter vorheriger Absprache und Zustimmung der Staatsanwaltschaft und Zustimmung des neuen Arbeitgebers zulässig.

7. Kapitel

Rechtsanwalt und Rechtsschutzversicherung

I. Rechtsanwalt

1. Anwaltszwang/Pflichtverteidiger

a) Strafbefehl

Es besteht wie bei allen strafrechtlichen Verfahren die Möglichkeit, einen Rechtsanwalt seiner Wahl zu beauftragen. Ein Zwang existiert nicht. Nicht notwendigerweise ist ein Fachanwalt für Strafrecht zu beauftragen. Der Fachanwalt für Strafrecht bietet jedoch auf diesem Gebiet die Gewähr der Spezialisierung mit entsprechender Weiterbildung.

Zudem besteht in den Grenzen der §§ 141, 408b StPO die Möglichkeit der Bestellung eines Pflichtverteidigers. Pflichtverteidiger werden seit Neuestem auf Pflichtverteidigerlisten der Rechtsanwaltskammern geführt und haben sich damit automatisch verpflichtet, an sie herangetragene Pflichtverteidigungen zu übernehmen. Damit geht einher, dass deren Vergütung die Staatskasse übernimmt und nicht wie beim Wahlanwalt in der Regel der Auftraggeber. Der Pflichtverteidiger hat nach bestem Wissen und Gewissen den gleichen Auftrag wie der Wahlanwalt, nämlich die bestmögliche Verteidigung des Angeklagten zu gewährleisten.

Die Pflichtverteidigerbestellung ist auch für den Strafbefehl gemäß § 408b StPO möglich.

Für die Pflichtverteidigerbestellung wird ein Antrag der Staatsanwaltschaft nach § 407 Abs. 2 S. 2 StPO vorausgesetzt, also ein Antrag auf Verhängung von Freiheitsstrafe von bis zu einem Jahr mit Strafaussetzung zur Bewährung.

Achtung!

Dem Beschuldigten ist oft nicht klar, dass es die Möglichkeit eines Widerrufs der Strafaussetzung zur Bewährung gibt. Die Staatsanwaltschaft hat die Möglichkeit, bei Fehlverhalten des Betroffenen die Zustimmung zur gemeinnützigen Arbeit wieder aufzuheben. Für den Fall, dass § 56 f StGB (z. B. die Auflage des Gerichts wurde nicht erfüllt) gegeben ist, droht ein Widerruf der Strafaussetzung zur Bewährung. Ein Widerruf erfolgt vor allem, wenn

- in der Bewährungszeit eine neue Straftat begangen wird und sich dadurch die Erwartung der Bewährung des straffreien Lebens in der Bewährungszeit nicht erfüllte oder
- gegen Weisungen bzw. Auflagen verstoßen wurde oder
- sich der Aufsicht der Bewährungshelfer entzogen wurde.

Ähnlich liegt der Fall bei einer Verhängung der Freiheitsstrafe von bis zu einem Jahr unter Strafaussetzung zur Bewährung mit Folgen wie dem Verlust der Beamtenrechte; Schlüchter, RPflEntlG § 59. Dann hat der Betroffene entweder die restliche Geldstrafe zu zahlen oder die Ersatzfreiheitsstrafe abzusitzen.

Gleichzeitig stellt die Staatsanwaltschaft den Antrag auf Verteidigerbestellung. Gleichwohl kann der Verteidiger bereits im Vorverfahren für notwendig erachtet werden, § 141 Abs. 2, Abs. 3 StPO. Dann erfolgt ein vorangehender Antrag auf Pflichtverteidigerbestellung. Häufig ist dies der Fall bei umfangreichen und schwierigen Verfahren, z. B. wenn viele Beschuldigte und/oder Zeugen vorhanden sind und/oder sich die rechtliche Würdigung des Sachverhalts schwierig gestaltet. Die Staatsanwaltschaft gewinnt in dem Pflichtverteidiger einen adäquaten Ansprechpartner, mit dem verhandelt werden kann. Allerdings führen diese Verhandlungen und die Ergebnisse nicht zur Bindung für das Gericht und ein etwaiger ausgehandelter Rechtsmittelverzicht ist in jedem Fall unzulässig; LG Hamburg, StV 2006, 181.

Meist erfolgt die Pflichtverteidigerbestellung aufgrund der Erwägung des Gerichts und gleichzeitiger Zustellung des Strafbefehls. Ein Verteidigerwahlrecht für den Angeschuldigten gibt es nicht, da sonst eine Verfahrensverzögerung eintreten würde. Hat der Beschuldigte bereits einen Wahlverteidiger benannt, so wird eine anders lautende Pflichtverteidigerbestellung nach § 143 StPO zurückgenommen. Der Wahlverteidiger wird dann als notwendig gemäß § 141 Abs. 2 StPO betrachtet und das Gericht kann vom Antrag der Staatsanwaltschaft nicht abweichen.

Tipp

- Sie können selbst im Vorverfahren beantragen, dass ein von Ihnen erwählter Rechtsanwalt Pflichtverteidiger wird. Wird er dazu bestellt, muss der Rechtsanwalt den Betroffenen verteidigen. Rechtsanwälte lehnen Pflichtverteidigungen nicht ab, denn das ist eine sichere Einnahmequelle. Zudem signalisiert der Anwalt mit der Aufnahme in die Pflichtverteidigerlisten dem Gericht die Übernahmeverantwortlichkeit.
- Haben Sie einen Wahlanwalt beauftragt und besteht die Möglichkeit der Bestellung eines Pflichtverteidigers, so bitten sie ihn vorsorglich bereits im Vorverfahren mit der Verteidigungsanzeige einen Antrag auf Bestellung zum Pflichtverteidiger zu stellen.

Nach der Pflichtverteidigerbestellung wird dem Verteidiger der Antrag auf Strafbefehlserlass zugestellt, dem Angeschuldigten mit der Verteidigerbestellung ebenfalls und der Verteidiger wird innerhalb einer angemessenen Frist von zwei Wochen aufgefordert, nach Rücksprache mit dem Beschuldigten Stellung zu nehmen. Der Verteidiger ist zur Aufnahme der Verteidigung verpflichtet und darf sich auch nach Ansicht des BGH dessen nicht durch Untervollmachtsgabe an einen anderen Rechtsanwalt oder gar Referendar entziehen; BGH NStZ 1983, 208; 1995, 356.

Erhebt der Beschuldigte und/oder sein Pflichtverteidiger gegen den Antrag auf Strafbefehlserlass nicht innerhalb der angeordneten Frist Einwendungen und ergeben sich für das Gericht keine Bedenken gegen den Strafbefehl, so wird dieser erlassen und zugestellt, § 409 StPO. Werden Einwendungen erhoben, muss das Gericht prüfen,

Ermittlungen weiter durchzuführen oder die Staatsanwaltschaft damit beauftragen und eine Hauptverhandlung gemäß § 408 Abs. 3 S. 2 StPO anberaumen.

Die Pflichtverteidigerbestellung im Strafbefehlsverfahren gilt **ausschließlich** für den Verfahrensabschnitt bis zur Zustellung und Bearbeitung des Strafbefehls. Damit ist die Einspruchseinlegung und Vertretung in der Hauptverhandlung durch den beigeordneten Pflichtverteidiger und Rechtsanwalt zwar wirksam, aber nicht von der Beiordnung umfasst. Lässt der Betroffene sich vertreten, so entstehen Wahlanwaltsgebühren. Diese hat der Betroffene zu bezahlen. Die Kostenfalle kann umgangen werden, wenn ein ergänzender Antrag auf Beiordnung des Rechtsanwaltes als Pflichtverteidiger im Einspruchsverfahren nach den §§ 140 ff. StPO gestellt wird. Sonst droht dem Betroffenen das Kostenrisiko. Aber auch die Rechtsprechung hat erkannt, dass es dem Beschuldigten schwer zu vermitteln ist, dass er eigentlich zur Kostenübernahme einen Ergänzungsantrag stellen müsste, so dass § 140 Abs. 2 StPO hinsichtlich der Notwendigkeit einer Pflichtverteidigerbestellung großzügig ausgelegt wird. Aus einem Bericht des BMJ (StraFo 1995, 105) geht bereits hervor, dass die Amtsrichter deswegen § 408b StPO als unpraktikabel ablehnen.

Schwierigkeiten in der Sach- und Rechtslage, die eine Pflichtverteidigerbestellung voraussetzen, werden häufig sogar bei geringen Strafandrohungen bejaht. Besonders bei Fällen mit:

- „Aussage gegen Aussage"

- Indizienketten ohne unmittelbare Beweise für das Tatgeschehen

- komplizierten Gutachterbestellungen

- einem Vorwurf der fahrlässigen Körperverletzung/Tötung des Opfers bei Verkehrsunfällen und der Frage des Mitverschuldens des Opfers

- einem alkoholabhängigen Angeklagten nach längerem Alkoholmissbrauch oder ähnlichen, die Verteidigungsfähigkeit beeinträchtigenden Umständen, wie Krankheit, Alter etc.

- der Wahrscheinlichkeit der Verurteilung von mehr als sechs Monaten Freiheitsstrafe und längerer Führerscheinsperre

- Beiordnungen des Pflichtverteidigers, die bei der Verurteilungsmöglichkeit der Freiheitsstrafe von mindestens sechs Monaten der Beschleunigung, § 418 Abs. 4 StPO, dienen.

b) Bußgeldbescheid

Selbstverständlich kann auch bei Vorliegen eines Bußgeldbescheides ein Rechtsanwalt der eigenen Wahl beauftragt werden.

Nur in ganz wenigen Fällen kann eine Pflichtverteidigerbestellung in Betracht kommen. In den Fällen des § 140 Abs. 2 S. 1 StPO kann lediglich i. V. m. § 60 OWiG die Pflichtverteidigerbestellung erfolgen. Das bedeutet, nur bei Schwere der Tat oder Schwierigkeiten der Sach- und Rechtslage ist eine Pflichtverteidigerbestellung möglich. Allerdings gehen die meisten Gerichte davon aus, dass der Beschuldigte gemessen an der Bußgeldhöhe, der eigenen Verteidigungsfähigkeit und der Bedeutung eventueller Nebenfolgen in der Regel eigenverantwortlich tätig werden kann. Im Gegensatz zum Strafverfahren führt eine Inhaftierung des Beschuldigten nicht automatisch zur Beiordnung eines Pflichtverteidigers. Praktisch kommt fast nie die Beiordnung in Betracht, da die Bußgelder gemäß § 17 OWiG, § 24a Abs. 4 StVG begrenzt sind.

Höchst selten besteht die entfernte Möglichkeit der Beiordnung, wenn etwa bei einem mehrmonatigen Fahrverbot nachweisbar der Verlust des Arbeitsplatzes droht. Bei Schwierigkeiten der Sach- und Rechtslage kommt die Beiordnung in Betracht, wenn es auf die Kenntnis des Akteninhaltes (z. B. bei schwierigen Sachverständigengutachten) ankommt und dem Beschuldigten die Akteneinsicht nach § 49 Abs. 1 OWiG nicht gewährt wurde. Die Akteneinsichtsgebühr von zurzeit für die Übersendung der Verwaltungsakte zu zahlenden € 12,00, wird nach § 105 OWiG gegen den die Akteneinsicht beantragenden Rechtsanwalt festgesetzt. Dieser legt sie in seiner Rechnung gegenüber dem Mandanten, der Rechtschutzversicherung oder der Staatskasse um.

Die Gerichte gehen bei Berufskraftfahrern davon aus, dass sie die Bußgeldvorschriften des Fahrpersonalgesetzes und die Lenk- und Ruhezeiten kennen, BayObLG VRS 91, 339.

Schwierig ist die Frage (in der Rechtsprechung äußerst umstritten und vom BGH eher restriktiv gehandhabt), ob dem mittellosen, sprachunkundigen Ausländer ein Pflichtverteidiger beizuordnen ist. Dies wird in den seltensten Fällen zu bejahen sein.

2. Kosten des Rechtsanwalts

Das für Rechtsanwälte geltende Rechtsanwaltsvergütungsgesetz (RVG) ist Grundlage für die Abrechnung nach allgemeinen und zusätzlichen Gebühren, Verfahrens- und Terminsgebühren.

Die Kostentragungspflicht obliegt dem Auftraggeber, also dem Betroffenen. Anstelle des Betroffenen kommt eine Kostenübernahme **durch die Staatskasse in Betracht bei:**

- Freispruch
- Einstellung nach Erlass des Bußgeldbescheides
- Verjährung vor Erlass des Bußgeldbescheides
- Einstellung nach § 153 Abs. 2 StPO, wenn keine Schuldspruchreife bestand
- Tod des Betroffenen im Verfahren, wenn nicht mit hinreichender Sicherheit eine Verurteilung erfolgt wäre. Die bis dahin entstandenen Kosten des verstorbenen Betroffenen trägt in jedem Fall die Staatskasse. Wird danach eine andere Person wegen des Sachverhalts verurteilt, trägt der lebende Verurteilte seine Kosten selbstverständlich allein.
- Nichteröffnung des Verfahrens des Staates
- Rücknahme des Rechtsmittels durch die Staatsanwaltschaft
- Erfolg des Betroffenen im Sinne der Zielerreichung, obwohl er dennoch verurteilt wurde, auch wenn er sein Ziel erst in der Rechtsmittelinstanz erreicht oder
- Erfolg für die **Rechtsschutzversicherung**, nach ihrem Versicherungsvertrag.

Eine Kostenübernahme kommt für den Arbeitgeber in Betracht, wenn es sich um betrieblich veranlasste Fahrten handelt.

Achtung!

Legt der Betroffene gegen die Verurteilung zu einem Fahrverbot, zu einem geringen Bußgeld oder einen Kostenbescheid nach § 25a StVG (Halterkostenbescheid) Verfassungsbeschwerde ein, droht die sog. Missbrauchsgebühr. Die Missbrauchsgebühr wird verhängt, wenn nach Auffassung des Gerichts mutwillig und ohne Aussicht auf Erfolg Verfassungsbeschwerde eingelegt wird.

Erstattet werden jedoch maximal die Kosten für lediglich einen Rechtsanwalt. Lässt der Betroffene sich von einem oder mehreren weiteren Rechtsanwälten vertreten, so kann er in der Regel nur die Kosten des im Bezirk des Gerichts ansässigen Rechtsanwalts gegenüber der Staatskasse geltend machen. Weitere Kosten, wie z. B. Fahrtkosten in den Gerichtsbezirk und Terminsvertreter werden nicht übernommen.

Die Abrechnung und damit auch die Bezahlung des Rechtsanwaltes wird nach Auftragserfüllung fällig, wenn die Angelegenheit beendet, die Kostenentscheidung des Gerichts ergangen ist oder das Verfahren länger als drei Monate ruht; § 8 RVG.

Es handelt sich sowohl bei Straf- als auch bei Bußgeldsachen um Rahmengebühren. Das Gesetz legt einen Mindest- und einen Höchstsatz fest. Aus diesem Rahmen wird die Mittelgebühr errechnen.

Ist der Auftraggeber und Betroffene zum Vorsteuerabzug berechtigt, so hat der Betroffene ebenfalls die zu zahlende Mehrwertsteuer an den Rechtsanwalt zu entrichten und kann diese gegenüber dem zuständigen Finanzamt geltend machen.

Eher selten sind zusätzliche Gebühren wie die Befriedigungsgebühr nach Nr. 4141, 5115 VV RVG (z. B. bei nicht nur vorläufiger Einstellung Strafverfahrens).

Verkehrsstrafsachen und -ordnungswidrigkeiten sind nach herrschender Auffassung der Gerichte wegen des Aufwandes für Beratung sowie der Bewertung im rechtlichen Sinn und der hohen Bedeutung für den Betroffenen durchschnittliche Angelegenheiten. Die Bedeutung für den Betroffenen spielt also gebührenrechtlich eine untergeordnete Rolle, weil sonst fast jede Verkehrssache Höchstgebühren auslösen müsste. Es wird die Mittelgebühr berechnet.

a) Kosten bei Strafbefehlsverfahren

Die Rechtsanwaltskosten setzen sich wie folgt zusammen:

aa) Grundgebühr, Nr. 4100 VV RVG: Sie bewertet den Arbeitsaufwand und wird nach dem Einzelfall bestimmt. Sie liegt zwischen € 30,00 und € 300,00, bei einer Mittelgebühr für durchschnittlichen Aufwand beträgt sie € 165,00.

bb) Verfahrensgebühr, Vorbemerkung Nr. 4 Abs. 2, Nr. 5 Abs. 2 VV RVG: Sie wird für das Betreiben des Geschäfts inklusive der einzuholenden und zu verwertenden Informationen gezahlt. Sie entsteht im vorbereitenden und auch im gerichtlichen Verfahren.

Im vorbereitenden Verfahren liegt die Gebühr zwischen € 30,00 und € 250,00, bei einer Mittelgebühr € 140,00.

Im ersten gerichtlichen Verfahren fallen zwischen € 30,00 und € 250,00, Mittelgebühr € 140,00 an.

cc) Terminsgebühr, Nr. 4102, 4108, 5102, 5104, 5106 VV RVG: Terminsgebühren werden umgangssprachlich auch Vernehmungsgebühren genannt. Sie entstehen für die Teilnahme des Rechtsanwaltes bei Vernehmungen und anderen Terminen. Die Terminsgebühr kann im Vorverfahren, Ermittlungsverfahren, Hauptverfahren (innerhalb und außerhalb der Hauptverhandlung) gesondert entstehen. Sie fällt in Strafsachen meist für die Teilnahme an Vernehmungen vor der Polizei, Staatsanwaltschaft oder richterlichen Vernehmungen an. Finden mehrere Hauptverhandlungstermine statt, so wird die Terminsgebühr für die Teilnahme an der Hauptverhandlung an jedem Tag der Teilnahme einmal neu fällig.

Im gerichtlichen Verfahren liegt die Gebühr zwischen € 60,00 und € 400,00, bei einer Mittelgebühr € 230,00.

dd) Zusatzgebühr, Erledigungs-, Befriedigungsgebühr: Sie fällt in Höhe der jeweiligen Verfahrensgebühr an, also in der Regel als Mittelgebühr in Höhe von € 140,00.

ee) Fahrtkosten/Abwesenheitsgelder: Fahrtkosten entstehen für die Terminwahrnehmung durch den Rechtsanwalt nach Anfahrts- und Abfahrtsweg. Entweder nach Kilometern multipliziert mit € 0,30 bei Benutzung des Kraftfahrzeugs oder konkret nach Vorlage z. B. der Zugfahrkarte gemäß Nr. 7004 VV RVG.

Die Abwesenheitsgelder werden für die büromäßige Abwesenheit des Rechtsanwaltes für die Sache gezahlt und staffeln sich anhand der Abfahrts- und Ankunftszeiten des Rechtsanwaltes nach folgenden Kriterien:

4 Stunden:	€ 20,00
8 Stunden:	€ 35,00
mehr als 8 Stunden:	€ 60,00 je Abwesenheitstag

ff) Post- und Portopauschale, Nr. 7002 VV RVG: Die konkrete Abrechnung nach den tatsächlich hierfür nötigen Ausgaben ist möglich. Alternativ kann der Einfachheit halber mit einer Pauschale abgerechnet werden. Die Pauschale beläuft sich auf 20 % der Gebührenpositionen, maximal jedoch € 20,00. Anderenfalls kann im konkreten Einzelfall anhand der angefallen Post- und Portaufwendungen (Briefmarkenpreis etc.) abgerechnet werden.

gg) Akteneinsichtsgebühr, Kopierkosten: Der Rechtsanwalt schuldet für die Akteneinsicht der jeweiligen Landesjustizkasse die Akteneinsichtsgebühr. Da dies eine Auslage im Verfahren darstellt, kann sie jedoch auf den Betroffenen umgelegt werden. Hinsichtlich der Kopierkosten erfolgt die Staffelung nach den für die Aktenführung benötigten Kopien. Gestaffelt wird in Nr. 7000 VV RVG.

Ziff. 1 für Kopien:

- aus Behörden und Gerichtsakten
- aufgrund von Zustellung veranlasster Schreiben, wenn dies mehr als 100 Ablichtungen für Gegner, Beteiligte, Verfahrensbevollmächtigte, Auftraggeber, Dritte sind
  - für die ersten 50 Seiten je Seite: € 0,50
  - für jede weitere Seite: € 0,15.

Für die Überlassung elektronisch gespeicherten Daten wird je Datei € 2,50 verlangt.

Was für die Akten an Kopien notwendig ist, liegt ausschließlich im Ermessen des Rechtsanwaltes, so dass auch die Kopie der gesamten Verfahrensakte der Behörde, Judikative angemessen ist.

hh) Mehrwertsteuer, Nr. 7008 VV RVG: Allseits unabänderlich ist die derzeit an das Finanzamt abzuführende 19 % betragende Mehrwertsteuer. Es bleibt abzuwarten, ob die Regierung die Mehrwertsteuersätze anhebt. Derzeit werden die höheren Mehrwertsteuersätze von der Regierung abgelehnt. Die vom Rechtsanwalt im voraus verauslagte Akteneinsichtsgebühr muss ebenfalls versteuert werden.

In Berufungsverfahren erhöhen sich die Rahmen für die Verfahrens- und Terminsgebühr. Sie steigen auf zwischen € 70,00 und € 470,00. Die Mittelgebühr beträgt jeweils € 270,00.

In Revisionsverfahren erhöht sich ebenfalls der Rahmen für die Verfahrensgebühr auf zwischen € 100,00 und € 930,00 und die Mittelgebühr beträgt € 515,00. Die Terminsgebühr steigt auf zwischen € 100,00 und € 470,00 und die Mittelgebühr beträgt € 285,00.

b) Kosten bei Bußgeld- und Ordnungswidrigkeitenverfahren

Bezüglich Fahrtkosten, Abwesenheitsgeldern, Post- und Portopauschalen, Akteneinsichtsgebühren, Kopierkosten und Umsatzsteuer wird auf die Ausführungen beim Strafbefehl verwiesen (Kap. 7, I. 2).

Die Rechtsanwaltskosten setzen sich wie folgt zusammen:

Die Gebühren in Bußgeldsachen staffeln sich nach der im Bescheid verankerten Höhe der Geldbuße:

- weniger als € 40,00

- Geldbuße von € 40,00 bis € 5.000,00

- darüberliegende Geldbußen.

Ist keine Geldbuße im Bescheid aufgeführt, so richtet sich die Abrechnung nach der mittleren Höhe der in der Vorschrift aufgeführten Geldbuße bzw. nach den aufgeführten Regelsätzen, wie sie u. a. im Bußgeldkatalog stehen.

BEISPIEL: Die Verletzung der Aufsichtspflicht in Betrieben und Unternehmen kann nach § 130 OWiG als Ordnungswidrigkeit, wenn die Pflichtverletzung mit einer Strafe bedroht ist, mit einer Geldbuße von bis zu € 1.000.000,00 geahndet werden.

aa) Grundgebühr, Nr. 5100 VV RVG: Sie bewertet den Arbeitsaufwand und wird nach dem Einzelfall bestimmt. Der Gebührenrahmen liegt zwischen € 20,00 und € 150,00 und die Mittelgebühr beträgt € 85,00.

bb) Verfahrensgebühr, Vorbemerkung Nr. 4 Abs. 2, Nr. 5 Abs. 2 VV RVG: Sie wird für das Betreiben des Geschäfts inklusive der einzuholenden und zu verwertenden Informationen gezahlt. Ihre Entstehung kann sowohl im vorbereitenden als auch im gerichtlichen Verfahren erfolgen.

cc) Terminsgebühr, Vorbemerkung 5. 1. 3 Abs. 1, 5108, 5110, 5111 VV RVG: Die Terminsgebühren in Bußgeldverfahren werden genauso berechnet wie beim Strafbefehlsverfahren.

Sowohl Verfahrens- als auch Terminsgebühr staffeln sich im **Vorverfahren** jeweils in der Mittelgebühr:

- Geldbuße von weniger als € 40,00   je €   55,00
- Geldbuße von € 40,00 bis € 5.000,00   je € 135,00
- darüber liegende Geldbußen   je € 140,00.

Sowohl Verfahrens- als auch Terminsgebühr staffeln sich im **gerichtlichen Verfahren** jeweils in der Mittelgebühr für

die **Verfahrensgebühr** bei:

- Geldbuße von weniger als € 40,00   je €   55,00
- Geldbuße von € 40,00 bis € 5.000,00   je € 135,00
- darüber liegende Geldbußen   je € 170,00

die **Terminsgebühr** bei:

- Geldbuße von weniger als € 40,00   je €   55,00
- Geldbuße von € 40,00 bis € 5.000,00   je € 215,00
- darüber liegende Geldbußen   je € 270,00.

Bei der **Rechtsbeschwerde** (Rechtsmittelinstanz) gibt es einen eigenen Gebührenrahmen, der jeweils für Verfahrens- und Terminsgebühr zwischen € 70,00 und € 470,00 liegt. Die jeweilige Mittelgebühr beträgt dann € 270,00.

3. Vollmacht

Zur Beauftragung erteilt der Betroffene dem Rechtsanwalt eine Vollmacht. Häufig werden vollumfängliche Vollmachtsformulare verwendet, die lediglich durch die Aufnahme des Betroffenen, der Sachen und des Grundes der Beauftragung spezifiziert werden. Mit der Vollmacht zeigt der Rechtsanwalt im Außenverhältnis seine Beauftragung an und stellt die nötigen Anträge. In den anwaltsüblichen Vordrucken sind eine Geldempfangsvollmacht und eine Vollmacht für sämtliche Instanzen vorhanden. Damit kann der Verteidiger selbstständig ohne Rückfrage beim Betroffenen die Instanzen beschreiten und Gelder einnehmen, aufrechnen und verteilen.

4. Akteneinsichtsrecht

Dem Rechtsanwalt wird in den beiden Verfahren im Gegensatz zum Betroffenen die vollständige Behörden- bzw. Gerichtsakte für mindestens drei Tage zur Verfügung gestellt. Kann die Behörde die Akte nicht übersenden, so hat der Rechtsanwalt Einsichtsrecht bei der Behörde selbst. Derzeit hat der Rechtsanwalt eine Kostenpauschale von € 12,00 für jede abgeforderte Akte an die jeweilige Landesjustizkasse zu entrichten.

Sofern dem Angeklagten Akteneinsicht aus Gründen der Notwendigkeit der Verteidigung gewährt wird, können nach § 467 Abs. 1 StPO auch die Fotokopierkosten verlangt werden.

Das Akteneinsichtsrecht des Betroffenen oder seines Rechtsanwaltes im Ordnungswidrigkeitenverfahren wird nach den §§ 49 Abs. 1, 69 Abs. 3 OWiG von der Behörde im Zwischenverfahren vor Übersendung der Akten an die Staatsanwaltschaft gewährt. Der Betroffene hat ein eigenes Einsichtsrecht, wenn nicht Belange Dritter entgegenstehen. Das können nach pflichtgemäßem Ermessen der Behörde sein:

- das Ausmaß der Beeinträchtigung für den Verwaltungsablauf
- die Gefährdung des Untersuchungszwecks
- das schutzwürdige Interesse des Zeugen an der Geheimhaltung seiner persönlichen Daten etc.

Wird das Akteneinsichtsrecht des Betroffenen wegen einer dieser Gründe abgelehnt, so kann nur der Verteidiger Akteneinsicht verlangen. Diese wird dann i. d. R. gewährt.

5. Beratung

Natürlich kann sich der Betroffene von einem Verteidiger seiner Wahl beraten lassen. Das ist im Zweifel eine eigene, gebührenrechtlich relevante Angelegenheit. Wünscht der Betroffene nur Beratung, so muss er dies gegenüber dem Rechtsanwalt auch äußern. In der Regel führt dies zu dem ausdrücklichen Vermerk „nur Beratung" auf der Vollmacht. Dann kann der Rechtsanwalt jedoch nur zur rechtlichen Wertung in der Sache gegenüber dem Mandanten sprechen, nicht aber gegenüber Dritten tätig werden. Das muss der Betroffene selbst tun oder den Anwaltsauftrag dann entsprechend zu erweitern. Wird der Auftrag ausgedehnt, kann Akteneinsicht durch den Verteidiger genommen und eine Verteidigungsstrategie entwickelt und angewandt werden. Der Verteidiger bespricht üblicherweise jede Strategie und Instanz mit dem Mandanten und stimmt mit diesem das weitere Vorgehen ab.

6. Vertretung

Innerhalb der durch die Vollmacht begründeten Vertretungsmacht prüft der Rechtsanwalt die Sach- und Rechtslage im Interesse des Mandanten. Er setzt sich mit dem Akteninhalt und den dazu gemachten Mandantenangaben auseinander. Gleichwohl kann er keine Lügen im Verfahren dulden (offensichtliche Falschaussage der Zeugen), denn er ist auch Organ der Rechtspflege. Die Zeugen werden bei dem Verdacht der Lüge auf Antrag vereidigt, so dass sie strafrechtlich hart zur Verantwortung gezogen werden können. Dem Betroffenen kann der Verteidiger in solchen Fällen nur raten lieber vom Aussageverweigerungsrecht Gebrauch zumachen, verhindern kann er es nicht, da der Betroffene auch lügen darf. Aus diesem Grundsatz heraus kann das Recht durch den Rechtsanwalt nur geprüft, angewendet, ausgelegt und zur Prüfung an die Gerichte übergeben werden. Innerhalb des Mandanten-Anwaltsverhältnisses haftet der Rechtsanwalt für seine Fehler wie jeder andere Unternehmer auch.

Betreut der Rechtsanwalt sowohl das Bußgeld- als auch das Strafbefehlsverfahren, so kann er die Verfahren gesondert abrechnen.

Gegen die Auswahl des Pflichtverteidigers im Strafbefehlverfahren kann der Beschuldigte, nicht der beigeordnete Rechtsanwalt, Beschwerde einlegen. Auch eine Wiedereinsetzung in den vorigen Stand aufgrund unterlassener Pflichtverteidigerbestellung gibt es nicht. Es gibt lediglich die Möglichkeit des Einspruchs gegen den Strafbefehl, § 410 StPO.

Mehrere Gerichte haben bereits entschieden:

Ist die Bestellung des Pflichtverteidigers erfolgt, ohne dass der Beschuldigte die Gelegenheit hatte jemanden selbst zu benennen, ist die ursprüngliche Bestellung aufzuheben und der vom Beschuldigten benannte Verteidiger beizuordnen; OLG Naumburg StV 2005, 120 (Leitsatz); OLG Stuttgart StV 2007, 288 (Leitsatz).

7. Vorschuss

Ungeachtet der Fälligkeit der anwaltlichen Abrechnung kann der Rechtsanwalt jederzeit einen angemessen Vorschuss gemäß § 9 RVG (Rechtsanwaltsvergütungsgesetz) verlangen. Vorschuss ist über die bereits angefallenen und voraussichtlich noch entstehenden Gebühren und Auslagen zu leisten. Aus der anwaltlichen Erfahrung heraus hat sich gezeigt, wer sich im Klaren über die Anwaltsbeauftragung ist, der zahlt den Vorschuss. Denn die Rechtsanwaltsleistung ist auch eine Dienstleistung. Somit kann der Rechtsanwalt dem Betroffenen auch mitteilen, dass er die Beauftragung nur dann realisieren wird, wenn der Betroffene einen entsprechenden Vorschuss leistet. Die Deklarierung als Vorschuss bedeutet, dass dies keine endgültige Rechnung für das Tätigwerden des Anwalts ist. Die endgültige Rechnung kann anhand des angefallenen Aufwandes entsprechend angepasst werden.

8. Beratungshilfe

Beratungshilfe wird in Straf- und Bußgeldverfahren ausschließlich für die Beratung gewährt. Für den entsprechenden Beratungshilfeschein muss der Anspruchsteller zum zuständigen Amtsgericht am Ort seines Wohnsitzes gehen.

> **BEISPIEL:** Wohnt der Betroffene in 04774 Dahlen, ist das Amtsgericht Oschatz zuständig.

Dem Gericht hat der Betroffene sein Anliegen glaubhaft zu machen und ist verpflicht, seine Einkommensverhältnisse mit Belegen (z. B. Lohnbescheinigung des letzten Monats, Kontoauszug) offenzulegen. Die Gerichte haben die Antragsformulare und Hinweisblätter vorrätig. Der Antrag, nicht aber der Beratungshilfeschein selbst, kann auch über das Internet bei den verschiedensten Gerichten (z. B. beim OLG Dresden) ausgedruckt werden. Ist der Betroffene nicht in der Lage, die Kosten des Rechtsanwaltes zu übernehmen, so wird der Beratungshilfeschein erteilt. Dann hat der Betroffene zusätzlich nur noch einen Unkostenbeitrag in Höhe von € 10,00 an den Rechtsanwalt zu zahlen.

9. Prozesskostenhilfe

Prozesskostenhilfe wird bei Straf- und Bußgeldverfahren nicht gewährt. Lediglich die Kostenübernahmepflicht für den Staat in oben bereits ausgeführten Fällen (Kap. 7 I. 2) ist gegeben.

10. Vergütungsvereinbarung

Selbstverständlich kann der Betroffene mit dem Rechtsanwalt seiner Wahl eine Vereinbarung über die Vergütung abschließen. Dafür gibt es zahlreiche Gestaltungsvarianten. Zumeist wird die aufwandsangemessene Abrechnung nach den Stunden gewählt, die der Rechtsanwalt für die Bearbeitung benötigt. Die Stundensätze differieren von Anwalt zu Anwalt und hängen auch mit dem Einkommen des Rechtssuchenden zusammen.

II. Rechtsschutzversicherung

Der viel umworbene Versicherungsmarkt hat auch die Rechtsschutzversicherungen mit einer Vielzahl von Produkten, Produktbausteinen und Allgemeinen Geschäftsbedingungen hervorgebracht. Es kann dabei keine Empfehlung für eine bestimmte Versicherung geben, da die Produkte den Bedürfnissen des Einzelnen angepasst sein sollten. Seit 1995 sind die Versicherungen in der Gestaltung ihrer Allgemeinen Geschäftsbedingungen frei.

> **Achtung!**
>
> Der von Rechtsschutzversicherungen angebotene Rechtsanwalt ist ein an die Versicherung vertraglich gebundener Rechtsanwalt. Die Versicherungen dürfen aber keinen Rechtsanwalt vorschreiben, sondern nur vorschlagen. Es gilt nicht ohne Grund das Recht auf freie Wahl des Rechtsbeistandes.

1. Versicherungsschutz

Sind Bußgeldverfahren als Ordnungswidrigkeitenverfahren und Strafbefehlsverfahren vom Versicherungsumfang umfasst, so hat die Versicherung einzutreten. Das gilt ebenso in den besonders häufigen Fällen der Ordnungswidrigkeitenverfahren, auch dann, wenn diese vorsätzlich begangen wurden. Bei vorsätzlich begangenen Straftaten kann der Versicherer die Deckung ablehnen oder bereits gezahlte Gebühren vom Versicherungsnehmer zurückfordern. Der betroffene Versicherungsnehmer hat in einem solchen Fall die Kosten des Rechtsanwalts und die Verfahrenskosten selbst zu tragen. Hat der Rechtsanwalt im Verfahren bereits abgerechnet, so kann die Versicherung beim Versicherten den Betrag zurückfordern. Manchmal scheuen die Versicherungen diesen Weg, insbesondere wenn der Versicherte langjähriger Kunde ist und mit Kündigung droht. Den neusten allgemeinen Geschäftsbedingungen der Rechtsschutzversicherungen genehmigen die Deckung für Revision und Rechtsbeschwerde nur noch, wenn tatsächlich auch Erfolgsaussichten bestehen.

Rechtsschutzversicherungen verweisen ihre Versicherten und damit den beauftragten Rechtsanwalt nicht nur auf die Selbstbeteiligung, sondern versuchen die Gebühren auch häufig zu kürzen. Der Versicherungsnehmer muss in diesem Fall die Differenz der in Rechnung gestellten Rechtsanwaltsgebühren ausgleichen und hat also zusätzliche Kosten. Rechtsschutzversicherungen haben eben keinen Vertrag mit dem vom betroffenen Versicherungsnehmer gewählten Verteidiger. Das ist sicher ärgerlich. Gleichwohl kann ein Aufbegehren des Versicherungsnehmers gegenüber seiner Versicherung manchmal zur Übernahme führen, wenn auch nur aus Kulanzgründen. Der Rechtsanwalt ist nicht verpflichtet, im Rahmen seines Hauptauftrages mit der Versicherung über seine Gebühren zu streiten. Wird er zusätzlich deswegen beauftragt, löst das eine eigene, weitere zu zahlende Gebührenangelegenheit aus.

Der Deckungsschutz der Versicherung gilt i. d. R. auch für vom Rechtsanwalt in der Sache beauftragte, öffentlich bestellte Sachverständige.

> ### Achtung!
>
> Die Versicherten treffen verschiedene Obliegenheiten bezüglich der Meldung und Mitwirkung gegenüber ihrer Versicherung. Werden diese Pflichten nicht vertragsgemäß erfüllt, muss die Versicherung nicht für die Kosten aufkommen.

Generell von den allgemeinen Geschäftsbedingungen nicht ge-
deckt ist der Umstand, dass die Versicherungsnehmer die Fahrtkosten und Abwesenheitsgelder des Rechtsanwalts zu tragen haben, wenn er seinen Sitz nicht im Bezirk des Gerichts hat. Folglich
hat der Auftraggeber (Versicherungsnehmer) immer die Fahrtkosten und Abwesenheitsgelder des beauftragten Rechtsanwaltes
zu erstatten.

2. Selbstbeteiligung

Häufig wird vom Versicherungsnehmer zum Zweck der Beitrags-
ersparnis mit dem Rechtsschutzversicherer eine Selbstbeteiligung
vereinbart. Diese gilt für jeden Rechtsschutzfall erneut. Der Betroffene ist verpflichtet, den Betrag bei Abforderung durch den Rechtsanwalt an diesen zu zahlen. In seltenen Fällen sind die Rechtsschutzversicherer aus Kulanzgründen bereit, den Betrag dem Betroffenen
später zurückzuzahlen.

3. Versicherter Personenkreis

Im Rechtsschutzversicherungsrecht, insbesondere im Leistungsum-
fang für das Verkehrsrecht, sind versichert:

- der Versicherungsnehmer selbst
- der berechtigte Fahrer
- der Ehepartner bzw. Lebenspartner, wenn er in den Versicherungsvertrag einbezogen wurde
- Kinder des Versicherungsnehmers, soweit sie das 25. Lebensjahr
  noch nicht überschritten haben und sich noch überwiegend in
  Schul- oder Berufsausbildung befinden.

Häufig bieten Rechtsschutzversicherungen eine eigene Anwalthot-
line an. In dieser Hotline erhalten die Nutzer Kontakt zu zugelas-
senen Rechtsanwälten, die für ihre Beratungstätigkeit von der Versicherung engagiert und bezahlt werden. Sicherlich ist das dort
angebotene Beratungsgespräch anfänglich nützlich. Jedoch hat der
Rechtsanwalt nur die Schilderung des Betroffenen zur Hand und

kann damit nicht alles vollständig bearbeiten und rechtlich prüfen. Vielmehr kann hier nur eine Erstberatung erfolgen.

III. Informationen über das Internet

Das Internet ist heutzutage durch seine weite Verbreitung und seine ständig wachsenden Möglichkeiten nahezu für jeden verfügbar. Durch seinen mannigfaltigen Informationsstrom, die ständig wachsenden Datenmengen und die verschiedenartigen Nutzungen entstehen sogar eigene Subkulturen. Als Nutzer des Internets kann man dies sehr deutlich an dem Vorhandensein der verschiedensten Arten von Suchmaschinen und Foren erkennen. Aufgrund der permanenten Verfügbarkeit, des hohen Verbreitungsgrades und der Option, schnell an Informationen zu gelangen, hat es auch für das rechtsuchende Klientel an Bedeutung gewonnen. Die nunmehr folgende Auffassung der Verfasserin wirkt bei der Beliebtheit des Internets drastisch. Dennoch ist sie gerechtfertigt, da die Forennutzer häufig nicht wissen, wer mit welcher Sachkompetenz oder Inkompetenz in den jeweiligen Foren seine Meinungen, Ansichten oder Ratschläge verbreitet. Oft tummeln sich dort Personen, die versuchen Geld zu verdienen, Abonnements abzuschließen, gefährliches unzureichendes Halbwissen haben oder einfach aufgrund eigener Betroffenheit in einem ähnlichen Fall glauben, die Antwort auf alle rechtlichen Fragen zu kennen. Jeder Sachverhalt hat eigene Strukturen und Fehler und erfordert eine Einzelfallbeurteilung. Grundsätzlich ist festzustellen:

Kein Fall ist wie der andere. Die kleinen, aber meistens gravierenden Unterschiede kann man nur durch eine umfangreiche Aktenkenntnis erkennen und beurteilen.

Allerdings gibt es auch Rechtsanwälte, die im Internet Auskünfte erteilen. Solche Auskünfte sind im Allgemeinen als Werbemaßnahme zu betrachten, welche zu guter Letzt in einen Beratungsauftrag und somit in dem Auslösen von Gebührenansprüchen gegen den Rechtsuchenden enden. Zudem kennt der Internetberater nur die Schilderung des Betroffenen aber nicht die gesamte Akte. Damit sind

Missverständnisse vorprogrammiert. Sonst prüfbare Verwaltungs-
fehler, Fristen, Verjährungen usw. können kaum umfangreich im
Internet beurteilt werden. Das Internet sollte nur dazu dienen, erste
Informationen einzuholen. Die Gefahr von selbst produzierten
Fehlern, wie etwa einer dadurch versäumten Frist oder einer un-
zureichenden Prüfung der Möglichkeit einer Überleitung des Ordnungswidrigkeitenverfahren in das Strafverfahren, sind besonders
hoch.

Nach obiger Betrachtung der Verfasserin bleibt das Internet nur ein
Mittel zum Einholen von Informationen. Die Anwendung der Er-
kenntnisse und die Vervollständigung des Falls kann es nicht leisten.
Es ersetzt nicht die sach- und rechtskundige und damit solide Ar-
beitsweise eines Juristen, basierend auf Ausbildung und praktischen
Erfahrungen.

Anhang

Auszüge aus den wichtigsten gesetzlichen Regelungen

I. Strafgesetzbuch (StGB)

In der Fassung der Bekanntmachung vom 13. November 1998

(BGBl. I S. 3322)

FNA 450–2

Zuletzt geändert durch die BVerfG-Entscheidung – 2 BvR 2365/09, 2 BvR 740/10, 2 BvR 2333/08, 2 BvR 1152/10, 2 BvR 571/10 – vom 4. 5. 2011 (BGBl. I S. 1003).

§ 9 Ort der Tat. (1) Eine Tat ist an jedem Ort begangen, an dem der Täter gehandelt hat oder im Falle des Unterlassens hätte handeln müssen oder an dem der zum Tatbestand gehörende Erfolg eingetreten ist oder nach der Vorstellung des Täters eintreten sollte.

(2) ¹Die Teilnahme ist sowohl an dem Ort begangen, an dem die Tat begangen ist, als auch an jedem Ort, an dem der Teilnehmer gehandelt hat oder im Falle des Unterlassens hätte handeln müssen oder an dem nach seiner Vorstellung die Tat begangen werden sollte. ²Hat der Teilnehmer an einer Auslandstat im Inland gehandelt, so gilt für die Teilnahme das deutsche Strafrecht, auch wenn die Tat nach dem Recht des Tatorts nicht mit Strafe bedroht ist.

§ 38 Dauer der Freiheitsstrafe. (1) Die Freiheitsstrafe ist zeitig, wenn das Gesetz nicht lebenslange Freiheitsstrafe androht.

(2) Das Höchstmaß der zeitigen Freiheitsstrafe ist fünfzehn Jahre, ihr Mindestmaß ein Monat.

§ 40 Verhängung in Tagessätzen. (1) [1]Die Geldstrafe wird in Tagessätzen verhängt. [2]Sie beträgt mindestens fünf und, wenn das Gesetz nichts anderes bestimmt, höchstens dreihundertsechzig volle Tagessätze.

(2) [1]Die Höhe eines Tagessatzes bestimmt das Gericht unter Berücksichtigung der persönlichen und wirtschaftlichen Verhältnisse des Täters. [2]Dabei geht es in der Regel von dem Nettoeinkommen aus, das der Täter durchschnittlich an einem Tag hat oder haben könnte. [3]Ein Tagessatz wird auf mindestens einen und höchstens dreißigtausend Euro festgesetzt.

(3) Die Einkünfte des Täters, sein Vermögen und andere Grundlagen für die Bemessung eines Tagessatzes können geschätzt werden.

(4) In der Entscheidung werden Zahl und Höhe der Tagessätze angegeben.

§ 41 Geldstrafe neben Freiheitsstrafe. [1]Hat der Täter sich durch die Tat bereichert oder zu bereichern versucht, so kann neben einer Freiheitsstrafe eine sonst nicht oder nur wahlweise angedrohte Geldstrafe verhängt werden, wenn dies auch unter Berücksichtigung der persönlichen und wirtschaftlichen Verhältnisse des Täters angebracht ist. [2]Dies gilt nicht, wenn das Gericht nach § 43a eine Vermögensstrafe verhängt.

§ 42 Zahlungserleichterungen. [1]Ist dem Verurteilten nach seinen persönlichen oder wirtschaftlichen Verhältnissen nicht zuzumuten, die Geldstrafe sofort zu zahlen, so bewilligt ihm das Gericht eine Zahlungsfrist oder gestattet ihm, die Strafe in bestimmten Teilbeträgen zu zahlen. [2]Das Gericht kann dabei anordnen, daß die Vergünstigung, die Geldstrafe in bestimmten Teilbeträgen zu zahlen, entfällt, wenn der Verurteilte einen Teilbetrag nicht rechtzeitig zahlt. [3]Das Gericht soll Zahlungserleichterungen auch gewähren, wenn ohne die Bewilligung die Wiedergutmachung des durch die Straftat verursachten Schadens durch den Verurteilten erheblich gefährdet wäre; dabei kann dem Verurteilten der Nachweis der Wiedergutmachung auferlegt werden.

§ 46 Grundsätze der Strafzumessung. (1) [1]Die Schuld des Täters ist Grundlage für die Zumessung der Strafe. [2]Die Wirkungen, die von der Strafe für das künftige Leben des Täters in der Gesellschaft zu erwarten sind, sind zu berücksichtigen.

(2) ¹Bei der Zumessung wägt das Gericht die Umstände, die für und gegen den Täter sprechen, gegeneinander ab. ²Dabei kommen namentlich in Betracht:

die Beweggründe und die Ziele des Täters,

die Gesinnung, die aus der Tat spricht, und der bei der Tat aufgewendete Wille,

das Maß der Pflichtwidrigkeit,

die Art der Ausführung und die verschuldeten Auswirkungen der Tat,

das Vorleben des Täters, seine persönlichen und wirtschaftlichen Verhältnisse sowie

sein Verhalten nach der Tat, besonders sein Bemühen, den Schaden wiedergutzumachen, sowie das Bemühen des Täters, einen Ausgleich mit dem Verletzten zu erreichen.

(3) Umstände, die schon Merkmale des gesetzlichen Tatbestandes sind, dürfen nicht berücksichtigt werden.

§ 56 Strafaussetzung. (1) ¹Bei der Verurteilung zu Freiheitsstrafe von nicht mehr als einem Jahr setzt das Gericht die Vollstreckung der Strafe zur Bewährung aus, wenn zu erwarten ist, daß der Verurteilte sich schon die Verurteilung zur Warnung dienen lassen und künftig auch ohne die Einwirkung des Strafvollzugs keine Straftaten mehr begehen wird. ²Dabei sind namentlich die Persönlichkeit des Verurteilten, sein Vorleben, die Umstände seiner Tat, sein Verhalten nach der Tat, seine Lebensverhältnisse und die Wirkungen zu berücksichtigen, die von der Aussetzung für ihn zu erwarten sind.

(2) ¹Das Gericht kann unter den Voraussetzungen des Absatzes 1 auch die Vollstreckung einer höheren Freiheitsstrafe, die zwei Jahre nicht übersteigt, zur Bewährung aussetzen, wenn nach der Gesamtwürdigung von Tat und Persönlichkeit des Verurteilten besondere Umstände vorliegen. ²Bei der Entscheidung ist namentlich auch das Bemühen des Verurteilten, den durch die Tat verursachten Schaden wiedergutzumachen, zu berücksichtigen.

(3) Bei der Verurteilung zu Freiheitsstrafe von mindestens sechs Monaten wird die Vollstreckung nicht ausgesetzt, wenn die Verteidigung der Rechtsordnung sie gebietet.

(4) ¹Die Strafaussetzung kann nicht auf einen Teil der Strafe beschränkt werden. ²Sie wird durch eine Anrechnung von Untersuchungshaft oder einer anderen Freiheitsentziehung nicht ausgeschlossen.

§ 56a Bewährungszeit. (1) ¹Das Gericht bestimmt die Dauer der Bewährungszeit. ²Sie darf fünf Jahre nicht überschreiten und zwei Jahre nicht unterschreiten.

(2) ¹Die Bewährungszeit beginnt mit der Rechtskraft der Entscheidung über die Strafaussetzung. ²Sie kann nachträglich bis auf das Mindestmaß verkürzt oder vor ihrem Ablauf bis auf das Höchstmaß verlängert werden.

§ 56b Auflagen. (1) ¹Das Gericht kann dem Verurteilten Auflagen erteilen, die der Genugtuung für das begangene Unrecht dienen. ²Dabei dürfen an den Verurteilten keine unzumutbaren Anforderungen gestellt werden.

(2) ¹Das Gericht kann dem Verurteilten auferlegen,

1. nach Kräften den durch die Tat verursachten Schaden wiedergutzumachen,

2. einen Geldbetrag zugunsten einer gemeinnützigen Einrichtung zu zahlen, wenn dies im Hinblick auf die Tat und die Persönlichkeit des Täters angebracht ist,

3. sonst gemeinnützige Leistungen zu erbringen oder

4. einen Geldbetrag zugunsten der Staatskasse zu zahlen.

²Eine Auflage nach Satz 1 Nr. 2 bis 4 soll das Gericht nur erteilen, soweit die Erfüllung der Auflage einer Wiedergutmachung des Schadens nicht entgegensteht.

(3) Erbietet sich der Verurteilte zu angemessenen Leistungen, die der Genugtuung für das begangene Unrecht dienen, so sieht das Gericht in der Regel von Auflagen vorläufig ab, wenn die Erfüllung des Anerbietens zu erwarten ist.

§ 56c Weisungen. (1) [1]Das Gericht erteilt dem Verurteilten für die Dauer der Bewährungszeit Weisungen, wenn er dieser Hilfe bedarf, um keine Straftaten mehr zu begehen. [2]Dabei dürfen an die Lebensführung des Verurteilten keine unzumutbaren Anforderungen gestellt werden.

(2) Das Gericht kann den Verurteilten namentlich anweisen,

1. Anordnungen zu befolgen, die sich auf Aufenthalt, Ausbildung, Arbeit oder Freizeit oder auf die Ordnung seiner wirtschaftlichen Verhältnisse beziehen,

2. sich zu bestimmten Zeiten bei Gericht oder einer anderen Stelle zu melden,

3. zu der verletzten Person oder bestimmten Personen oder Personen einer bestimmten Gruppe, die ihm Gelegenheit oder Anreiz zu weiteren Straftaten bieten können, keinen Kontakt aufzunehmen, mit ihnen nicht zu verkehren, sie nicht zu beschäftigen, auszubilden oder zu beherbergen,

4. bestimmte Gegenstände, die ihm Gelegenheit oder Anreiz zu weiteren Straftaten bieten können, nicht zu besitzen, bei sich zu führen oder verwahren zu lassen oder

5. Unterhaltspflichten nachzukommen.

(3) Die Weisung,

1. sich einer Heilbehandlung, die mit einem körperlichen Eingriff verbunden ist, oder einer Entziehungskur zu unterziehen oder

2. in einem geeigneten Heim oder einer geeigneten Anstalt Aufenthalt zu nehmen,

darf nur mit Einwilligung des Verurteilten erteilt werden.

(4) Macht der Verurteilte entsprechende Zusagen für seine künftige Lebensführung, so sieht das Gericht in der Regel von Weisungen vorläufig ab, wenn die Einhaltung der Zusagen zu erwarten ist.

§ 56d Bewährungshilfe. (1) Das Gericht unterstellt die verurteilte Person für die Dauer oder einen Teil der Bewährungszeit der Aufsicht und Leitung einer Bewährungshelferin oder eines Bewährungshelfers, wenn dies angezeigt ist, um sie von Straftaten abzuhalten.

(2) Eine Weisung nach Absatz 1 erteilt das Gericht in der Regel, wenn es eine Freiheitsstrafe von mehr als neun Monaten aussetzt und die verurteilte Person noch nicht 27 Jahre alt ist.

(3) [1]Die Bewährungshelferin oder der Bewährungshelfer steht der verurteilten Person helfend und betreuend zur Seite. [2]Sie oder er überwacht im Einvernehmen mit dem Gericht die Erfüllung der Auflagen und Weisungen sowie der Anerbieten und Zusagen und berichtet über die Lebensführung der verurteilten Person in Zeitabständen, die das Gericht bestimmt. [3]Gröbliche oder beharrliche Verstöße gegen Auflagen, Weisungen, Anerbieten oder Zusagen teilt die Bewährungshelferin oder der Bewährungshelfer dem Gericht mit.

(4) [1]Die Bewährungshelferin oder der Bewährungshelfer wird vom Gericht bestellt. [2]Es kann der Bewährungshelferin oder dem Bewährungshelfer für die Tätigkeit nach Absatz 3 Anweisungen erteilen.

(5) Die Tätigkeit der Bewährungshelferin oder des Bewährungshelfers wird haupt- oder ehrenamtlich ausgeübt.

§ 56e Nachträgliche Entscheidungen. Das Gericht kann Entscheidungen nach den §§ 56b bis 56d auch nachträglich treffen, ändern oder aufheben.

§ 56 f Widerruf der Strafaussetzung. (1) [1]Das Gericht widerruft die Strafaussetzung, wenn die verurteilte Person

1. in der Bewährungszeit eine Straftat begeht und dadurch zeigt, daß die Erwartung, die der Strafaussetzung zugrunde lag, sich nicht erfüllt hat,

2. gegen Weisungen gröblich oder beharrlich verstößt oder sich der Aufsicht und Leitung der Bewährungshelferin oder des Bewährungshelfers beharrlich entzieht und dadurch Anlaß zu der Besorgnis gibt, daß sie erneut Straftaten begehen wird, oder

3. gegen Auflagen gröblich oder beharrlich verstößt.

²Satz 1 Nr. 1 gilt entsprechend, wenn die Tat in der Zeit zwischen der Entscheidung über die Strafaussetzung und deren Rechtskraft oder bei nachträglicher Gesamtstrafenbildung in der Zeit zwischen der Entscheidung über die Strafaussetzung in einem einbezogenen Urteil und der Rechtskraft der Entscheidung über die Gesamtstrafe begangen worden ist.

(2) ¹Das Gericht sieht jedoch von dem Widerruf ab, wenn es ausreicht,

1. weitere Auflagen oder Weisungen zu erteilen, insbesondere die verurteilte Person einer Bewährungshelferin oder einem Bewährungshelfer zu unterstellen, oder

2. die Bewährungs- oder Unterstellungszeit zu verlängern.

²In den Fällen der Nummer 2 darf die Bewährungszeit nicht um mehr als die Hälfte der zunächst bestimmten Bewährungszeit verlängert werden.

(3) ¹Leistungen, die die verurteilte Person zur Erfüllung von Auflagen, Anerbieten, Weisungen oder Zusagen erbracht hat, werden nicht erstattet. ²Das Gericht kann jedoch, wenn es die Strafaussetzung widerruft, Leistungen, die die verurteilte Person zur Erfüllung von Auflagen nach § 56b Abs. 2 Satz 1 Nr. 2 bis 4 oder entsprechenden Anerbieten nach § 56b Abs. 3 erbracht hat, auf die Strafe anrechnen.

§ 56g Straferlaß. (1) ¹Widerruft das Gericht die Strafaussetzung nicht, so erläßt es die Strafe nach Ablauf der Bewährungszeit. ²§ 56 f Abs. 3 Satz 1 ist anzuwenden.

(2) ¹Das Gericht kann den Straferlaß widerrufen, wenn der Verurteilte wegen einer in der Bewährungszeit begangenen vorsätzlichen Straftat zu Freiheitsstrafe von mindestens sechs Monaten verurteilt wird. ²Der Widerruf ist nur innerhalb von einem Jahr nach Ablauf der Bewährungszeit und von sechs Monaten nach Rechtskraft der Verurteilung zulässig. ³§ 56 f Abs. 1 Satz 2 und Abs. 3 gilt entsprechend.

II. Strafprozeßordnung (StPO)

In der Fassung der Bekanntmachung vom 7. April 1987

(BGBl. I S. 1074, ber. S. 1319)

FNA 312–2

Zuletzt geändert durch Art. 2 G zur Neuordnung des Rechts der Sicherungsverwahrung und zu begleitenden Regelungen vom 22. 12. 2010 (BGBl. I S. 2300)

§ 7 [Gerichtsstand des Tatortes]. (1) Der Gerichtsstand ist bei dem Gericht begründet, in dessen Bezirk die Straftat begangen ist.

(2) [1]Wird die Straftat durch den Inhalt einer im Geltungsbereich dieses Bundesgesetzes erschienenen Druckschrift verwirklicht, so ist als das nach Absatz 1 zuständige Gericht nur das Gericht anzusehen, in dessen Bezirk die Druckschrift erschienen ist. [2]Jedoch ist in den Fällen der Beleidigung, sofern die Verfolgung im Wege der Privatklage stattfindet, auch das Gericht, in dessen Bezirk die Druckschrift verbreitet worden ist, zuständig, wenn in diesem Bezirk die beleidigte Person ihren Wohnsitz oder gewöhnlichen Aufenthalt hat.

§ 244 [Inhalt des Revisionsurteils]. (1) Nach der Vernehmung des Angeklagten folgt die Beweisaufnahme.

(2) Das Gericht hat zur Erforschung der Wahrheit die Beweisaufnahme von Amts wegen auf alle Tatsachen und Beweismittel zu erstrecken, die für die Entscheidung von Bedeutung sind.

(3) [1]Ein Beweisantrag ist abzulehnen, wenn die Erhebung des Beweises unzulässig ist. [2]Im übrigen darf ein Beweisantrag nur abgelehnt werden, wenn eine Beweiserhebung wegen Offenkundigkeit überflüssig ist, wenn die Tatsache, die bewiesen werden soll, für die Entscheidung ohne Bedeutung oder schon erwiesen ist, wenn das Beweismittel völlig ungeeignet oder wenn es unerreichbar ist, wenn der Antrag zum Zweck der Prozeßverschleppung gestellt ist oder wenn eine erhebliche Behauptung, die zur Entlastung des Angeklagten bewiesen werden soll, so behandelt werden kann, als wäre die behauptete Tatsache wahr.

(4) [1]Ein Beweisantrag auf Vernehmung eines Sachverständigen kann, soweit nichts anderes bestimmt ist, auch abgelehnt werden, wenn das Gericht selbst die erforderliche Sachkunde besitzt. [2]Die Anhörung eines weiteren Sachverständigen kann auch dann abgelehnt werden, wenn durch das frühere Gutachten das Gegenteil der behaupteten Tatsache bereits erwiesen ist; dies gilt nicht, wenn die Sachkunde des früheren Gutachters zweifelhaft ist, wenn sein Gutachten von unzutreffenden tatsächlichen Voraussetzungen ausgeht, wenn das Gutachten Widersprüche enthält oder wenn der neue Sachverständige über Forschungsmittel verfügt, die denen eines früheren Gutachters überlegen erscheinen.

(5) [1]Ein Beweisantrag auf Einnahme eines Augenscheins kann abgelehnt werden, wenn der Augenschein nach dem pflichtgemäßen Ermessen des Gerichts zur Erforschung der Wahrheit nicht erforderlich ist. [2]Unter derselben Voraussetzung kann auch ein Beweisantrag auf Vernehmung eines Zeugen abgelehnt werden, dessen Ladung im Ausland zu bewirken wäre.

(6) Die Ablehnung eines Beweisantrages bedarf eines Gerichtsbeschlusses.

§ 407 [Zulässigkeit]. (1) [1]Im Verfahren vor dem Strafrichter und im Verfahren, das zur Zuständigkeit des Schöffengerichts gehört, können bei Vergehen auf schriftlichen Antrag der Staatsanwaltschaft die Rechtsfolgen der Tat durch schriftlichen Strafbefehl ohne Hauptverhandlung festgesetzt werden. [2]Die Staatsanwaltschaft stellt diesen Antrag, wenn sie nach dem Ergebnis der Ermittlungen eine Hauptverhandlung nicht für erforderlich erachtet. [3]Der Antrag ist auf bestimmte Rechtsfolgen zu richten. [4]Durch ihn wird die öffentliche Klage erhoben.

(2) [1]Durch Strafbefehl dürfen nur die folgenden Rechtsfolgen der Tat, allein oder nebeneinander, festgesetzt werden:

1. Geldstrafe, Verwarnung mit Strafvorbehalt, Fahrverbot, Verfall, Einziehung, Vernichtung, Unbrauchbarmachung, Bekanntgabe der Verurteilung und Geldbuße gegen eine juristische Person oder Personenvereinigung,

2. Entziehung der Fahrerlaubnis, bei der die Sperre nicht mehr als zwei Jahre beträgt, sowie

3. Absehen von Strafe.

²Hat der Angeschuldigte einen Verteidiger, so kann auch Freiheitsstrafe bis zu einem Jahr festgesetzt werden, wenn deren Vollstreckung zur Bewährung ausgesetzt wird.

(3) Der vorherigen Anhörung des Angeschuldigten durch das Gericht (§ 33 Abs. 3) bedarf es nicht.

§ 408 [Entscheidungsmöglichkeiten des Richters]. (1) ¹Hält der Vorsitzende des Schöffengerichts die Zuständigkeit des Strafrichters für begründet, so gibt er die Sache durch Vermittlung der Staatsanwaltschaft an diesen ab; der Beschluß ist für den Strafrichter bindend, der Staatsanwaltschaft steht sofortige Beschwerde zu. ²Hält der Strafrichter die Zuständigkeit des Schöffengerichts für begründet, so legt er die Akten durch Vermittlung der Staatsanwaltschaft dessen Vorsitzenden zur Entscheidung vor.

(2) ¹Erachtet der Richter den Angeschuldigten nicht für hinreichend verdächtig, so lehnt er den Erlaß eines Strafbefehls ab. ²Die Entscheidung steht dem Beschluß gleich, durch den die Eröffnung des Hauptverfahrens abgelehnt worden ist (§§ 204, 210 Abs. 2, § 211).

(3) ¹Der Richter hat dem Antrag der Staatsanwaltschaft zu entsprechen, wenn dem Erlaß des Strafbefehls keine Bedenken entgegenstehen. ²Er beraumt Hauptverhandlung an, wenn er Bedenken hat, ohne eine solche zu entscheiden, oder wenn er von der rechtlichen Beurteilung im Strafbefehlsantrag abweichen oder eine andere als die beantragte Rechtsfolge festsetzen will und die Staatsanwaltschaft bei ihrem Antrag beharrt. ³Mit der Ladung ist dem Angeklagten eine Abschrift des Strafbefehlsantrags ohne die beantragte Rechtsfolge mitzuteilen.

§ 408a [Strafbefehlsantrag nach Eröffnung des Hauptverfahrens]. (1) ¹Ist das Hauptverfahren bereits eröffnet, so kann im Verfahren vor dem Strafrichter und dem Schöffengericht die Staatsanwaltschaft einen Strafbefehlsantrag stellen, wenn die Voraussetzungen des § 407 Abs. 1 Satz 1 und 2 vorliegen und wenn der Durchführung einer Hauptverhandlung das Ausbleiben oder die Abwesenheit des

Angeklagten oder ein anderer wichtiger Grund entgegensteht. [2]In der Hauptverhandlung kann der Staatsanwalt den Antrag mündlich stellen; der wesentliche Inhalt des Strafbefehlsantrages ist in das Sitzungsprotokoll aufzunehmen. [3]§ 407 Abs. 1 Satz 4, § 408 finden keine Anwendung.

(2) [1]Der Richter hat dem Antrag zu entsprechen, wenn die Voraussetzungen des § 408 Abs. 3 Satz 1 vorliegen. [2]Andernfalls lehnt er den Antrag durch unanfechtbaren Beschluß ab und setzt das Hauptverfahren fort.

§ 408b [Verteidigerbestellung durch Richter]. [1]Erwägt der Richter, dem Antrag der Staatsanwaltschaft auf Erlaß eines Strafbefehls mit der in § 407 Abs. 2 Satz 2 genannten Rechtsfolge zu entsprechen, so bestellt er dem Angeschuldigten, der noch keinen Verteidiger hat, einen Verteidiger. [2]§ 141 Abs. 3 findet entsprechende Anwendung.

§ 409 [Inhalt des Strafbefehls]. (1) [1]Der Strafbefehl enthält

1. die Angaben zur Person des Angeklagten und etwaiger Nebenbeteiligter,

2. den Namen des Verteidigers,

3. die Bezeichnung der Tat, die dem Angeklagten zur Last gelegt wird, Zeit und Ort ihrer Begehung und die Bezeichnung der gesetzlichen Merkmale der Straftat,

4. die angewendeten Vorschriften nach Paragraph, Absatz, Nummer, Buchstabe und mit der Bezeichnung des Gesetzes,

5. die Beweismittel,

6. die Festsetzung der Rechtsfolgen,

7. die Belehrung über die Möglichkeit des Einspruchs und die dafür vorgeschriebene Frist und Form sowie den Hinweis, daß der Strafbefehl rechtskräftig und vollstreckbar wird, soweit gegen ihn kein Einspruch nach § 410 eingelegt wird.[2]Wird gegen den Angeklagten eine Freiheitsstrafe verhängt, wird er mit Strafvorbehalt verwarnt oder wird gegen ihn ein Fahrverbot angeordnet, so ist er zugleich nach § 268a Abs. 3 oder § 268c Satz 1 zu belehren. [3]§ 111i Abs. 2 sowie § 267 Abs. 6 Satz 2 gelten entsprechend.

(2) Der Strafbefehl wird auch dem gesetzlichen Vertreter des Angeklagten mitgeteilt.

§ 410 [Einspruchsfrist; Rechtskraft]. (1) [1]Der Angeklagte kann gegen den Strafbefehl innerhalb von zwei Wochen nach Zustellung bei dem Gericht, das den Strafbefehl erlassen hat, schriftlich oder zu Protokoll der Geschäftsstelle Einspruch einlegen. [2]Die §§ 297 bis 300 und § 302 Abs. 1 Satz 1, Abs. 2 gelten entsprechend.

(2) Der Einspruch kann auf bestimmte Beschwerdepunkte beschränkt werden.

(3) Soweit gegen einen Strafbefehl nicht rechtzeitig Einspruch erhoben worden ist, steht er einem rechtskräftigen Urteil gleich.

§ 411 [Verwerfung wegen Unzulässigkeit; Termin zur Hauptverhandlung]. (1) [1]Ist der Einspruch verspätet eingelegt oder sonst unzulässig, so wird er ohne Hauptverhandlung durch Beschluß verworfen; gegen den Beschluß ist sofortige Beschwerde zulässig. [2]Andernfalls wird Termin zur Hauptverhandlung anberaumt. [3]Hat der Angeklagte seinen Einspruch auf die Höhe der Tagessätze einer festgesetzten Geldstrafe beschränkt, kann das Gericht mit Zustimmung des Angeklagten, des Verteidigers und der Staatsanwaltschaft ohne Hauptverhandlung durch Beschluss entscheiden; von der Festsetzung im Strafbefehl darf nicht zum Nachteil des Angeklagten abgewichen werden; gegen den Beschluss ist sofortige Beschwerde zulässig.

(2) [1]Der Angeklagte kann sich in der Hauptverhandlung durch einen mit schriftlicher Vollmacht versehenen Verteidiger vertreten lassen. [2]§ 420 ist anzuwenden.

(3) [1]Die Klage und der Einspruch können bis zur Verkündung des Urteils im ersten Rechtszug zurückgenommen werden. § 303 gilt entsprechend. [2]Ist der Strafbefehl im Verfahren nach § 408a erlassen worden, so kann die Klage nicht zurückgenommen werden.

(4) Bei der Urteilsfällung ist das Gericht an den im Strafbefehl enthaltenen Ausspruch nicht gebunden, soweit Einspruch eingelegt ist.

§ 412 [Ausbleiben des Angeklagten]. [1]Ist bei Beginn einer Hauptverhandlung der Angeklagte weder erschienen noch durch einen

Verteidiger vertreten und ist das Ausbleiben nicht genügend entschuldigt, so ist § 329 Abs. 1, 3 und 4 entsprechend anzuwenden. [2]Hat der gesetzliche Vertreter Einspruch eingelegt, so ist auch § 330 entsprechend anzuwenden.

§ 413 [Voraussetzungen des Antrags]. Führt die Staatsanwaltschaft das Strafverfahren wegen Schuldunfähigkeit oder Verhandlungsunfähigkeit des Täters nicht durch, so kann sie den Antrag stellen, Maßregeln der Besserung und Sicherung selbständig anzuordnen, wenn dies gesetzlich zulässig ist und die Anordnung nach dem Ergebnis der Ermittlungen zu erwarten ist (Sicherungsverfahren).

III. Gesetz über Ordnungswidrigkeiten (OWiG)

In der Fassung der Bekanntmachung vom 19. Februar 1987

(BGBl. I S. 602)

FNA 454–1

Zuletzt geändert durch Art. 2 G zur Regelung der Verständigung im Strafverfahren vom 29. 7. 2009 (BGBl. I S. 2353)

§ 18 Zahlungserleichterungen. [1]Ist dem Betroffenen nach seinen wirtschaftlichen Verhältnissen nicht zuzumuten, die Geldbuße sofort zu zahlen, so wird ihm eine Zahlungsfrist bewilligt oder gestattet, die Geldbuße in bestimmten Teilbeträgen zu zahlen. [2]Dabei kann angeordnet werden, daß die Vergünstigung, die Geldbuße in bestimmten Teilbeträgen zu zahlen, entfällt, wenn der Betroffene einen Teilbetrag nicht rechtzeitig zahlt.

§ 33 Unterbrechung der Verfolgungsverjährung. (1) [1]Die Verjährung wird unterbrochen durch

1. die erste Vernehmung des Betroffenen, die Bekanntgabe, daß gegen ihn das Ermittlungsverfahren eingeleitet ist, oder die Anordnung dieser Vernehmung oder Bekanntgabe,

2. jede richterliche Vernehmung des Betroffenen oder eines Zeugen oder die Anordnung dieser Vernehmung,

3. jede Beauftragung eines Sachverständigen durch die Verfolgungsbehörde oder den Richter, wenn vorher der Betroffene vernommen oder ihm die Einleitung des Ermittlungsverfahrens bekannt gegeben worden ist,

4. jede Beschlagnahme- oder Durchsuchungsanordnung der Verfolgungsbehörde oder des Richters und richterliche Entscheidungen, welche diese aufrechterhalten,

5. die vorläufige Einstellung des Verfahrens wegen Abwesenheit des Betroffenen durch die Verfolgungsbehörde oder den Richter sowie jede Anordnung der Verfolgungsbehörde oder des Richters, die nach einer solchen Einstellung des Verfahrens zur Ermittlung des Aufenthalts des Betroffenen oder zur Sicherung von Beweisen ergeht,

6. jedes Ersuchen der Verfolgungsbehörde oder des Richters, eine Untersuchungshandlung im Ausland vorzunehmen,

7. die gesetzlich bestimmte Anhörung einer anderen Behörde durch die Verfolgungsbehörde vor Abschluß der Ermittlungen,

8. die Abgabe der Sache durch die Staatsanwaltschaft an die Verwaltungsbehörde nach § 43,

9. den Erlaß des Bußgeldbescheides, sofern er binnen zwei Wochen zugestellt wird, ansonsten durch die Zustellung,

10. den Eingang der Akten beim Amtsgericht gemäß § 69 Abs. 3 Satz 1 und Abs. 5 Satz 2 und die Zurückverweisung der Sache an die Verwaltungsbehörde nach § 69 Abs. 5 Satz 1,

11. jede Anberaumung einer Hauptverhandlung,

12. den Hinweis auf die Möglichkeit, ohne Hauptverhandlung zu entscheiden (§ 72 Abs. 1 Satz 2),

13. die Erhebung der öffentlichen Klage,

14. die Eröffnung des Hauptverfahrens,

15. den Strafbefehl oder eine andere dem Urteil entsprechende Entscheidung.

[2]Im selbständigen Verfahren wegen der Anordnung einer Nebenfolge oder der Festsetzung einer Geldbuße gegen eine juristische

Person oder Personenvereinigung wird die Verjährung durch die dem Satz 1 entsprechenden Handlungen zur Durchführung des selbständigen Verfahrens unterbrochen.

(2) [1]Die Verjährung ist bei einer schriftlichen Anordnung oder Entscheidung in dem Zeitpunkt unterbrochen, in dem die Anordnung oder Entscheidung unterzeichnet wird. [2]Ist das Schriftstück nicht alsbald nach der Unterzeichnung in den Geschäftsgang gelangt, so ist der Zeitpunkt maßgebend, in dem es tatsächlich in den Geschäftsgang gegeben worden ist.

(3) [1]Nach jeder Unterbrechung beginnt die Verjährung von neuem. [2]Die Verfolgung ist jedoch spätestens verjährt, wenn seit dem in § 31 Abs. 3 bezeichneten Zeitpunkt das Doppelte der gesetzlichen Verjährungsfrist, mindestens jedoch zwei Jahre verstrichen sind. [3]Wird jemandem in einem bei Gericht anhängigen Verfahren eine Handlung zur Last gelegt, die gleichzeitig Straftat und Ordnungswidrigkeit ist, so gilt als gesetzliche Verjährungsfrist im Sinne des Satzes 2 die Frist, die sich aus der Strafdrohung ergibt. [4]§ 32 bleibt unberührt.

(4) [1]Die Unterbrechung wirkt nur gegenüber demjenigen, auf den sich die Handlung bezieht. [2]Die Unterbrechung tritt in den Fällen des Absatzes 1 Satz 1 Nr. 1 bis 7, 11 und 13 bis 15 auch dann ein, wenn die Handlung auf die Verfolgung der Tat als Straftat gerichtet ist.

§ 46 Anwendung der Vorschriften über das Strafverfahren. (1) Für das Bußgeldverfahren gelten, soweit dieses Gesetz nichts anderes bestimmt, sinngemäß die Vorschriften der allgemeinen Gesetze über das Strafverfahren, namentlich der Strafprozeßordnung, des Gerichtsverfassungsgesetzes und des Jugendgerichtsgesetzes.

(2) Die Verfolgungsbehörde hat, soweit dieses Gesetz nichts anderes bestimmt, im Bußgeldverfahren dieselben Rechte und Pflichten wie die Staatsanwaltschaft bei der Verfolgung von Straftaten.

(3) [1]Anstaltsunterbringung, Verhaftung und vorläufige Festnahme, Beschlagnahme von Postsendungen und Telegrammen sowie Auskunftsersuchen über Umstände, die dem Post- und Fernmeldegeheimnis unterliegen, sind unzulässig. [2]§ 160 Abs. 3 Satz 2 der

Strafprozeßordnung über die Gerichtshilfe ist nicht anzuwenden. [3]Ein Klageerzwingungsverfahren findet nicht statt. [4]Die Vorschriften über die Beteiligung des Verletzten am Verfahren und über das länderübergreifende staatsanwaltschaftliche Verfahrensregister sind nicht anzuwenden; dies gilt nicht für § 406e der Strafprozeßordnung.

(4) [1]§ 81a Abs. 1 Satz 2 der Strafprozeßordnung ist mit der Einschränkung anzuwenden, daß nur die Entnahme von Blutproben und andere geringfügige Eingriffe zulässig sind. [2]In einem Strafverfahren entnommene Blutproben und sonstige Körperzellen, deren Entnahme im Bußgeldverfahren nach Satz 1 zulässig gewesen wäre, dürfen verwendet werden. [3]Die Verwendung von Blutproben und sonstigen Körperzellen zur Durchführung einer Untersuchung im Sinne des § 81e der Strafprozeßordnung ist unzulässig.

(5) [1]Die Anordnung der Vorführung des Betroffenen und der Zeugen, die einer Ladung nicht nachkommen, bleibt dem Richter vorbehalten. [2]Die Haft zur Erzwingung des Zeugnisses (§ 70 Abs. 2 der Strafprozessordnung) darf sechs Wochen nicht überschreiten.

(6) Im Verfahren gegen Jugendliche und Heranwachsende kann von der Heranziehung der Jugendgerichtshilfe (§ 38 des Jugendgerichtsgesetzes) abgesehen werden, wenn ihre Mitwirkung für die sachgemäße Durchführung des Verfahrens entbehrlich ist.

(7) Im gerichtlichen Verfahren entscheiden beim Amtsgericht Abteilungen für Bußgeldsachen, beim Landgericht Kammern für Bußgeldsachen und beim Oberlandesgericht sowie beim Bundesgerichtshof Senate für Bußgeldsachen.

(8) Die Vorschriften zur Durchführung des § 191a Abs. 1 Satz 1 des Gerichtsverfassungsgesetzes im Bußgeldverfahren sind in der Rechtsverordnung nach § 191a Abs. 2 des Gerichtsverfassungsgesetzes zu bestimmen.

§ 51 Verfahren bei Zustellungen der Verwaltungsbehörde. (1) [1]Für das Zustellungsverfahren der Verwaltungsbehörde gelten die Vorschriften des Verwaltungszustellungsgesetzes, wenn eine Verwaltungsbehörde des Bundes das Verfahren durchführt, sonst die entsprechenden landesrechtlichen Vorschriften, soweit die Absätze 2 bis 5 nichts anderes bestimmen. [2]Wird ein Schriftstück mit Hilfe automatischer Einrichtungen erstellt, so wird das so hergestellte Schriftstück zugestellt.

(2) Ein Bescheid (§ 50 Abs. 1 Satz 2) wird dem Betroffenen zugestellt und, wenn er einen gesetzlichen Vertreter hat, diesem mitgeteilt.

(3) [1]Der gewählte Verteidiger, dessen Vollmacht sich bei den Akten befindet, sowie der bestellte Verteidiger gelten als ermächtigt, Zustellungen und sonstige Mitteilungen für den Betroffenen in Empfang zu nehmen; für die Zustellung einer Ladung des Betroffenen gilt dies nur, wenn der Verteidiger in der Vollmacht ausdrücklich zur Empfangnahme von Ladungen ermächtigt ist. [2]Wird ein Bescheid dem Verteidiger nach Satz 1 Halbsatz 1 zugestellt, so wird der Betroffene hiervon zugleich unterrichtet; dabei erhält er formlos eine Abschrift des Bescheides. [3]Wird ein Bescheid dem Betroffenen zugestellt, so wird der Verteidiger hiervon zugleich unterrichtet, auch wenn eine Vollmacht bei den Akten nicht vorliegt; dabei erhält er formlos eine Abschrift des Bescheides.

(4) Wird die für den Beteiligten bestimmte Zustellung an mehrere Empfangsberechtigte bewirkt, so richtet sich die Berechnung einer Frist nach der zuletzt bewirkten Zustellung.

(5) [1]§ 6 Abs. 1 des Verwaltungszustellungsgesetzes und die entsprechenden landesrechtlichen Vorschriften sind nicht anzuwenden. [2]Hat der Betroffene einen Verteidiger, so sind auch § 7 Abs. 1 Satz 1 und 2 und Abs. 2 des Verwaltungszustellungsgesetzes und die entsprechenden landesrechtlichen Vorschriften nicht anzuwenden.

§ 67 Form und Frist. (1) [1]Der Betroffene kann gegen den Bußgeldbescheid innerhalb von zwei Wochen nach Zustellung schriftlich oder zur Niederschrift bei der Verwaltungsbehörde, die den Bußgeldbescheid erlassen hat, Einspruch einlegen. [2]Die §§ 297 bis 300 und 302 der Strafprozeßordnung über Rechtsmittel gelten entsprechend.

(2) Der Einspruch kann auf bestimmte Beschwerdepunkte beschränkt werden.

§ 77 Umfang der Beweisaufnahme. (1) [1]Das Gericht bestimmt, unbeschadet der Pflicht, die Wahrheit von Amts wegen zu erforschen, den Umfang der Beweisaufnahme. [2]Dabei berücksichtigt es auch die Bedeutung der Sache.

(2) Hält das Gericht den Sachverhalt nach dem bisherigen Ergebnis der Beweisaufnahme für geklärt, so kann es außer in den Fällen des § 244 Abs. 3 der Strafprozeßordnung einen Beweisantrag auch dann ablehnen, wenn

1. nach seinem pflichtgemäßen Ermessen die Beweiserhebung zur Erforschung der Wahrheit nicht erforderlich ist oder

2. nach seiner freien Würdigung das Beweismittel oder die zu beweisende Tatsache ohne verständigen Grund so spät vorgebracht wird, daß die Beweiserhebung zur Aussetzung der Hauptverhandlung führen würde.

(3) Die Begründung für die Ablehnung eines Beweisantrages nach Absatz 2 Nr. 1 kann in dem Gerichtsbeschluß (§ 244 Abs. 6 der Strafprozeßordnung) in der Regel darauf beschränkt werden, daß die Beweiserhebung zur Erforschung der Wahrheit nicht erforderlich ist.

§ 79 Rechtsbeschwerde. (1) [1]Gegen das Urteil und den Beschluß nach § 72 ist Rechtsbeschwerde zulässig, wenn

1. gegen den Betroffenen eine Geldbuße von mehr als zweihundertfünfzig Euro festgesetzt worden ist,

2. eine Nebenfolge angeordnet worden ist, es sei denn, daß es sich um eine Nebenfolge vermögensrechtlicher Art handelt, deren Wert im Urteil oder im Beschluß nach § 72 auf nicht mehr als zweihundertfünfzig Euro festgesetzt worden ist,

3. der Betroffene wegen einer Ordnungswidrigkeit freigesprochen oder das Verfahren eingestellt oder von der Verhängung eines Fahrverbotes abgesehen worden ist und wegen der Tat im Bußgeldbescheid oder Strafbefehl eine Geldbuße von mehr als sechshundert Euro festgesetzt, ein Fahrverbot verhängt oder eine solche Geldbuße oder ein Fahrverbot von der Staatsanwaltschaft beantragt worden war,

4. der Einspruch durch Urteil als unzulässig verworfen worden ist oder

5. durch Beschluß nach § 72 entschieden worden ist, obwohl der Beschwerdeführer diesem Verfahren rechtzeitig widersprochen hatte oder ihm in sonstiger Weise das rechtliche Gehör versagt wurde.

²Gegen das Urteil ist die Rechtsbeschwerde ferner zulässig, wenn sie zugelassen wird (§ 80).

(2) Hat das Urteil oder der Beschluß nach § 72 mehrere Taten zum Gegenstand und sind die Voraussetzungen des Absatzes 1 Satz 1 Nr. 1 bis 3 oder Satz 2 nur hinsichtlich einzelner Taten gegeben, so ist die Rechtsbeschwerde nur insoweit zulässig.

(3) ¹Für die Rechtsbeschwerde und das weitere Verfahren gelten, soweit dieses Gesetz nichts anderes bestimmt, die Vorschriften der Strafprozeßordnung und des Gerichtsverfassungsgesetzes über die Revision entsprechend. ²§ 342 der Strafprozeßordnung gilt auch entsprechend für den Antrag auf Wiedereinsetzung in den vorigen Stand nach § 72 Abs. 2 Satz 2 Halbsatz 1.

(4) Die Frist für die Einlegung der Rechtsbeschwerde beginnt mit der Zustellung des Beschlusses nach § 72 oder des Urteils, wenn es in Abwesenheit des Beschwerdeführers verkündet und dieser dabei auch nicht nach § 73 Abs. 3 durch einen schriftlich bevollmächtigten Verteidiger vertreten worden ist.

(5) ¹Das Beschwerdegericht entscheidet durch Beschluß. ²Richtet sich die Rechtsbeschwerde gegen ein Urteil, so kann das Beschwerdegericht auf Grund einer Hauptverhandlung durch Urteil entscheiden.

(6) Hebt das Beschwerdegericht die angefochtene Entscheidung auf, so kann es abweichend von § 354 der Strafprozeßordnung in der Sache selbst entscheiden oder sie an das Amtsgericht, dessen Entscheidung aufgehoben wird, oder an ein anderes Amtsgericht desselben Landes zurückverweisen.

§ 80 Zulassung der Rechtsbeschwerde. (1) Das Beschwerdegericht läßt die Rechtsbeschwerde nach § 79 Abs. 1 Satz 2 auf Antrag zu, wenn es geboten ist,

1. die Nachprüfung des Urteils zur Fortbildung des Rechts oder zur Sicherung einer einheitlichen Rechtsprechung zu ermöglichen, soweit Absatz 2 nichts anderes bestimmt, oder

2. das Urteil wegen Versagung des rechtlichen Gehörs aufzuheben.

(2) Die Rechtsbeschwerde wird wegen der Anwendung von Rechtsnormen über das Verfahren nicht und wegen der Anwendung von anderen Rechtsnormen nur zur Fortbildung des Rechts zugelassen, wenn

1. gegen den Betroffenen eine Geldbuße von nicht mehr als einhundert Euro festgesetzt oder eine Nebenfolge vermögensrechtlicher Art angeordnet worden ist, deren Wert im Urteil auf nicht mehr als einhundert Euro festgesetzt worden ist, oder

2. der Betroffene wegen einer Ordnungswidrigkeit freigesprochen oder das Verfahren eingestellt worden ist und wegen der Tat im Bußgeldbescheid oder im Strafbefehl eine Geldbuße von nicht mehr als einhundertfünfzig Euro festgesetzt oder eine solche Geldbuße von der Staatsanwaltschaft beantragt worden war.

(3) ¹Für den Zulassungsantrag gelten die Vorschriften über die Einlegung der Rechtsbeschwerde entsprechend. ²Der Antrag gilt als vorsorglich eingelegte Rechtsbeschwerde. ³Die Vorschriften über die Anbringung der Beschwerdeanträge und deren Begründung (§§ 344, 345 der Strafprozeßordnung) sind zu beachten. ⁴Bei der Begründung der Beschwerdeanträge soll der Antragsteller zugleich angeben, aus welchen Gründen die in Absatz 1 bezeichneten Voraussetzungen vorliegen. ⁵§ 35a der Strafprozeßordnung gilt entsprechend.

(4) ¹Das Beschwerdegericht entscheidet über den Antrag durch Beschluß. ²Die §§ 346 bis 348 der Strafprozeßordnung gelten entsprechend. ³Der Beschluß, durch den der Antrag verworfen wird, bedarf keiner Begründung. ⁴Wird der Antrag verworfen, so gilt die Rechtsbeschwerde als zurückgenommen.

(5) Stellt sich vor der Entscheidung über den Zulassungsantrag heraus, daß ein Verfahrenshindernis besteht, so stellt das Beschwerdegericht das Verfahren nur dann ein, wenn das Verfahrenshindernis nach Erlaß des Urteils eingetreten ist.

§ 85 Wiederaufnahme des Verfahrens. (1) Für die Wiederaufnahme eines durch rechtskräftige Bußgeldentscheidung abgeschlossenen Verfahrens gelten die §§ 359 bis 373a der Strafprozeßordnung entsprechend, soweit die nachstehenden Vorschriften nichts anderes bestimmen.

(2) [1]Die Wiederaufnahme des Verfahrens zugunsten des Betroffenen, die auf neue Tatsachen oder Beweismittel gestützt wird (§ 359 Nr. 5 der Strafprozeßordnung), ist nicht zulässig, wenn

1. gegen den Betroffenen lediglich eine Geldbuße bis zu zweihundertfünfzig Euro festgesetzt ist oder

2. seit Rechtskraft der Bußgeldentscheidung drei Jahre verstrichen sind.

[2]Satz 1 Nr. 1 gilt entsprechend, wenn eine Nebenfolge vermögensrechtlicher Art angeordnet ist, deren Wert zweihundertfünfzig Euro nicht übersteigt.

(3) [1]Die Wiederaufnahme des Verfahrens zuungunsten des Betroffenen ist unter den Voraussetzungen des § 362 der Strafprozeßordnung nur zu dem Zweck zulässig, die Verurteilung nach einem Strafgesetz herbeizuführen. [2]Zu diesem Zweck ist sie auch zulässig, wenn neue Tatsachen oder Beweismittel beigebracht sind, die allein oder in Verbindung mit den früher erhobenen Beweisen geeignet sind, die Verurteilung des Betroffenen wegen eines Verbrechens zu begründen.

(4) [1]Im Wiederaufnahmeverfahren gegen den Bußgeldbescheid entscheidet das nach § 68 zuständige Gericht. [2]Wird ein solches Wiederaufnahmeverfahren von dem Betroffenen beantragt oder werden der Verwaltungsbehörde Umstände bekannt, die eine Wiederaufnahme des Verfahrens zulassen, so übersendet sie die Akten der Staatsanwaltschaft. [3]§ 69 Abs. 4 Satz 1 gilt entsprechend.

Sachverzeichnis